Houssem Abid

Le PLM pour les systèmes mécatroniques

Houssem Abid

Le PLM pour les systèmes mécatroniques

Démarche d'intégration

Presses Académiques Francophones

Imprint
Any brand names and product names mentioned in this book are subject to trademark, brand or patent protection and are trademarks or registered trademarks of their respective holders. The use of brand names, product names, common names, trade names, product descriptions etc. even without a particular marking in this work is in no way to be construed to mean that such names may be regarded as unrestricted in respect of trademark and brand protection legislation and could thus be used by anyone.

Cover image: www.ingimage.com

Publisher:
Presses Académiques Francophones
is a trademark of
International Book Market Service Ltd., member of OmniScriptum Publishing Group
17 Meldrum Street, Beau Bassin 71504, Mauritius

Printed at: see last page
ISBN: 978-3-8416-2826-8

Zugl. / Agréé par: Lyon, Institut national des sciences appliquées de Lyon, 2015

Copyright © Houssem Abid
Copyright © 2015 International Book Market Service Ltd., member of OmniScriptum Publishing Group
All rights reserved. Beau Bassin 2015

A ma famille ...

Sommaire

Introduction générale ... 1

Partie I   État de l'art ... 7

Description globale de la première partie ... 9

Chapitre 1
Caractérisation des Systèmes Mécatroniques   11

   1.1   Introduction ... 11
   1.2   Caractérisation générale d'un système mécatronique ... 12
   1.3   Démarches globales de conception de systèmes mécatroniques ... 14
         1.3.1   Processus de conception ... 14
         1.3.2   Approche classique vs ingénierie concourante ... 15
         1.3.3   Ingénierie Système ... 16
         1.3.4   Cycle en V et Ingénierie Système ... 18
   1.4   Les outils pour la conception d'un système mécatronique ... 20
   1.5   Conclusion ... 21

Chapitre 2
Les Systèmes d'Information Industriels   23

   2.1   Introduction ... 23
   2.2   Les systèmes d'information pour les produits industriels ... 25
         2.2.1   Origines des systèmes PLM ... 25
         2.2.2   Définition ... 25
         2.2.3   Notion autour du PLM ... 26
         2.2.4   Structuration produit au sein des systèmes PLM ... 29
   2.3   Les systèmes mécatroniques et les systèmes PLM ... 32
   2.4   Conclusion ... 34

Chapitre 3
Ingénierie dirigée par les modèles pour les systèmes complexes — 35

- 3.1 Introduction 35
- 3.2 Approche MDE/MDA 36
  - 3.2.1 Model Driven Engineering (MDE) 36
  - 3.2.2 Model Driven Architecture de l'OMG (MDA) 37
- 3.3 UML versus SYSML 38
  - 3.3.1 La genèse et les concepts d'UML 38
  - 3.3.2 De l'UML au SysML 40
  - 3.3.3 SysML 40
- 3.4 Conclusion 42

Partie II proposition d'une approche d'intégration des systèmes Mecatronique — 43

Description globale de la seconde partie — 45

Chapitre 4
Méta-modèle pour l'intégration globale des systèmes Mecatroniques — 47

- 4.1 Introduction 47
- 4.2 Vers un méta-modèle pour système mécatronique 48
  - 4.2.1 Description générale du méta-modèle 48
- 4.3 Modèles métier et méta-modèle 51
  - 4.3.1 Domaines et objets métiers 51
  - 4.3.2 Liens structurels et dépendance 53
  - 4.3.3 Les contraintes 55
- 4.4 Méta-modèle et PLM 56
- 4.5 Conclusion 58

Chapitre 5
Proposition d'une approche d'intégration des systèmes mécatroniques dans le PLM — 59

- 5.1 Introduction 59
  - 5.1.1 Quel usage de SysML 60
  - 5.1.2 Présentation de la démarche globale 61

5.2 Modélisation pour l'intégration des systèmes mécatroniques dans le PLM avec SysML 62
    5.2.1 Exigences et étude fonctionnelle 62
    5.2.2 Etude structurelle 64
    5.2.3 Etude comportementale 67
    5.2.4 Complétion des modèles métiers 71
5.3 Démarche d'intégration dans les systèmes PLM 73
5.4 Conclusion 76

Chapitre 6
Application industrielle : Application à un système mécatronique de type robot3D   **77**

6.1 Introduction 77
6.2 Modélisation de l'intégration avec SysML 79
    6.2.1 Etude des exigences 79
    6.2.2 Modélisation structurelle du robot 80
    6.2.3 Modélisation comportementale 83
    6.2.4 Complément des modèles 85
6.3 Les outils d'intégration dans le PLM Windchill 86
    6.3.1 Architecture d'intégration 86
    6.3.2 Intégration dans Windchill en utilisant RPC 87
    6.3.3 Intégration dans Windchill en utilisant les WebServices 88
6.4 La structure du produit du robot 3D dans les systèmes PLM 91
6.5 Conclusion 93

Conclusion   **95**

Perspectives   **97**

Glossaire   **99**

Bibliographie   **101**

Annexes   **109**

Introduction générale

Contexte général des travaux de recherche

La concurrence industrielle et les avancées technologiques favorisent le développement de produits de plus en plus complexes. Parmi les changements importants résultant des progrès technologiques et de la miniaturisation, l'intégration des composants technologiques dans les systèmes mécaniques est une tendance très forte. Ainsi, les systèmes principalement mécaniques ont subi d'importantes évolutions pour finalement être constitués d'éléments multiples intégrant de l'électronique, de l'informatique temps réel, et bien d'autres éléments de technologies diverses. Des statistiques menées par Aberdeen Group [Abr06] ont montré, qu'il y a de plus en plus d'entreprises qui intègrent l'électronique et des logiciels dans leurs produits, et qu'il est de plus en plus difficile de trouver un produit ne contenant pas une puce électronique, ou un logiciel. Ainsi, l'évolution des produits mécaniques montre clairement une tendance à l'intégration de technologies différentes. La dénomination que l'on trouve dans la littérature pour ces nouveaux produits mécaniques est la **mécatronique** [DH91] [H96] [KO96] [DGP07] [AFN08].

L'expérience a montré que la gestion de ce type de produit n'a jamais été facile malgré le nombre de méthodologies et d'outils de gestion de produits existants. Même si les industriels ne communiquent pas ou peu sur leurs échecs, il est assez aisé de trouver dans la presse spécialisée des exemples récents de problèmes d'intégration sur des produits complexes (notamment dans le domaine de l'aéronautique et de l'automobile). Dans la plupart de ces cas, il semble que l'expertise métier n'est pas en cause mais qu'il s'agit, le plus souvent, de difficultés liées directement à des problèmes d'intégration. Pour notre contexte, l'intégration est à prendre au sens large du terme : d'une part au sens technologique du terme, d'autre part au sens organisationnel. Dans ce second aspect, la multiplication des équipes et leur dispersion géographique compliquent naturellement les démarches de conception collaborative (principalement dans les grands groupes industriels) . Pour autant, le problème lié à la collaboration d'équipes pluridisciplinaires n'est pas lié à la taille de l'entreprise mais pour partie aux méthodologies utilisées et au système d'information. De fait, le système d'information est implicitement au cœur de toutes les problématiques d'intégration. En particulier, les SI (Système d'Information) orientés sur la gestion des produits industriels (par exemple les systèmes de type PLM Product Lifecycle Management), ont montré leurs valeurs ajoutées dans la gestion des produits tout au long de leur cycle de vie. Aujourd'hui, ces SI industriels sont présents dans un grand nombre d'entreprises (même les PME/PMI) et nous montrerons dans la suite de ce document, qu'ils sont nécessaires à une meilleur maîtrise de l'intégration des systèmes mécatroniques.

Les travaux de cette thèse se situent donc principalement dans le contexte du développement des produits mécatroniques. sur les questions d'intégration dans le système d'information. Par ailleurs, comme nous le verrons par la suite, en plus de ce contexte principal, nos travaux se positionnent dans deux autres domaines.

Le premier contexte supplétif concerne bien évidement les systèmes d'information industriels qui vont servir de support à la gestion de ces produits mécatroniques. En effet, les différentes problématiques que nous traiterons concernent la gestion du processus de développement de ces produits. Ceci implique inévitablement le système d'information qui est au cœur de la mise en œuvre des processus industriels. Le second contexte supplétif concerne les approches de modélisation qui sont utilisées pour modéliser un système complexe au sein des systèmes d'information. Ces approches de modélisation, regroupées au sein de l'Ingénierie Dirigée par les Modèles (IDM) permettent d'outiller et de guider le concepteur de systèmes complexes, en particulier les concepteurs de produits mécatroniques. Ces différents éléments de contexte vont être caractérisés dans la première partie de la thèse qui va s'intéresser essentiellement à l'état de l'art. Sans entrer dans le vif du sujet, il nous parait important d'apporter dès maintenant quelques éléments de précision sur le contexte des produits mécatroniques. En effet, le contexte applicatif de validation étant proposé autour d'un système de production automatisé, nous utiliserons la terminologie de système mécatronique en lieu et place de produit mécatronique.

Positionnement de la problématique

Comme nous le montrerons dans le premier chapitre, ces systèmes mécatroniques sont complexes à différents niveaux. Toutefois, dans nos travaux, nous ne nous positionnerons pas sur la complexité intrinsèque de chaque élément constitutif mais sur les dimensions extrinsèques. Il convient donc d'expliciter notre problématique vis à vis de ces aspects extrinsèques.

Tout d'abord, l'interaction des différents domaines métier d'un système mécatronique crée des dépendances fonctionnelles et/ou structurelles qui ne sont généralement pas gérées par des outils métiers. Ces dépendances sont difficiles à identifier et à formaliser dans les phases amont du développement produit. De fait, les risques de défauts, de non conformité, augmentent fortement avec la complexité du système et les innovations technologiques.

Par ailleurs, la gestion dans le temps des différents éléments (c'est à dire leur cycle de vie), nécessite la prise en compte de l'évolution technologique de chacun d'eux. Or il est évident que les cycles d'évolution sont très divers avec pour certains, des cycles très courts. C'est le cas, par exemple, dans le domaine du logiciel ou la plupart des systèmes doivent anticiper des mises à jour en cours d'usage.

Enfin, le développement de systèmes mécatroniques implique des collaborations entre différents métiers qui nécessitent des approches méthodologiques et le recours à de "bonnes pratiques". De fait, la conception de systèmes mécatroniques constitue un enjeu important pour les entreprises industrielles dans la mesure où ces systèmes doivent intégrer des savoir faire métiers différents. Or, cette nécessité d'intégration globale, qui doit en théorie être supportée par le système d'information, n'est pas une réalité. Plusieurs raisons à cela : en premier lieu, les systèmes d'information qui devraient gérer ces mécanismes, comme les systèmes PLM, sont relativement peu centrés sur l'ingénierie simultanée et leur structuration est historiquement définie autour de la Conception Assisté par Ordinateur (CAO). En second lieu, les cycles de conception liés aux domaines disciplinaires ne sont pas indépendants les uns des autres. Enfin, en plus de ces différences fonctionnelles, de nombreux problèmes technologiques ne favorisent pas l'interopérabilité entre les applicatifs métiers.

Finalement, au vu des points énumérés précédemment, notre problématique se positionne clairement sur la dimension globale de la gestion de ces systèmes autour de deux questions principales :

1. Quelles sont les approches d'intégration dans le système d'information pour les systèmes mécatroniques qui tiennent compte des méthodologies de conception globale et pluridisciplinaire ainsi que de la disparité des intervenants dans le cycle de vie

2. Quels sont les modèles (au sens SI) permettant une gestion globale du cycle de vie et qui autorisent :
    — à modéliser un produit mécatronique spécifique à une entreprise
    — à modéliser les interactions inter-domaines sur un système complexe
    — à faciliter la réutilisation des produits/composants existants

Dans le paragraphe suivant, nous présentons une description synthétique de nos propositions vis à vis de la problématique énoncée.

Propositions de la thèse

Dans cette thèse, nous avons souhaité apporter une réponse globale aux problèmes d'intégration plutôt qu'une réponse spécifique à un type de produit mécatronique.

Pour cela, notre première étape a été de positionner un argumentaire sur le choix du système d'information En effet, il nous parait essentiel de valider un choix explicite entre les principaux composants du SI (ERP, PLM, MES,...) et les systèmes conçus ad-hoc. Le chapitre 2 expose un argumentaire sur le choix des systèmes PLM (Product Lifecycle Management). Nous avons identifié les systèmes PLM comme étant le principal support de gestion des systèmes mécatroniques . Le succès de l'adoption du PLM par les industries manufacturières dans le produit mécanique classique est une réalité. Cette solution reste la plus adaptée aux systèmes mécatroniques sans être capable de les gérer dans leur globalité [Rag09] [ES10]. Comme nous le montrerons dans l'état de l'art, quelques travaux existent sur ce type d'intégration. Toutefois, notre approche est différente par rapport aux autres approches car elle est globale et générique. De plus, ce choix nous a permis de construire les éléments de validation au travers d'un prototype.

Dans une seconde étape, concernant la généricité, la démarche proposée est une démarche MDE (Model Driven Engineering) et très proche de MDA (Model Driven Architecture) de l'OMG (Object Management Group). En effet, nous proposons un découpage par niveau d'abstraction autour d'un méta-modèle, de modèles métier, et d'un modèle d'implémentation PLM. Le méta-modèle permet de garantir une conformité globale des modèles métier sans effet de substitution. En effet, la conformité se positionne sur un niveau d'abstraction suffisamment global pour ne pas se substituer à la complexité de chaque domaine. De plus cela permet de faire le lien entre les différents domaines sans caractériser de façon complexe ce lien. Les liens inter-domaines sont moins précis mais plus robustes ce qui facilité l'intégration car cela permet de considérer le produit mécatronique dans sa globalité en laissant la complexité des modèles au niveau de chaque domaine métier. Cette démarche diffère de MDA, car le découpage par niveau proposé par l'OMG identifie le CIM (Computational Independant Model) comme un niveau totalement indépendant des plateformes. Nous avons la conviction qu'il est plus pertinent de faire apparaître un niveau « métier SI ». En revanche le principe de transformation de modèle est tout à fait conforme à MDA en considérant le PSM (Platform Specific Model) comme le niveau d'exécution dans le PLM. Les validations qui ont été faites avec le système Windchill peuvent tout à fait être réalisées avec un autre système PLM.

Enfin, dans une troisième étape , nous avons initié une démarche méthodologique inhérente à notre approche. Pour cela, nous avons couplé notre approche avec une extension d'UML dédiée à l'analyse des systèmes (SysML). Cela permet de bénéficier de la démarche méthodologique de SysML tout en gardant l'objectif d'une facilitation au niveau de l'intégration dans le PLM. SysML est utilisé comme outil de facilitation dans la conception, non pas d'un système d'information ad-hoc, mais dans la conception d'un contexte d'usage du système PLM.

Au final, nous avons validé notre démarche autour d'un exemple industriel résultant d'un projet de collaboration entre différents industriels et éditeurs. Ce système mécatronique est un robot 3D et le système PLM support est Windchill de PTC.

Plan de lecture de la thèse

Le plan de lecture de la thèse est structuré autour de trois parties (fig. 1)

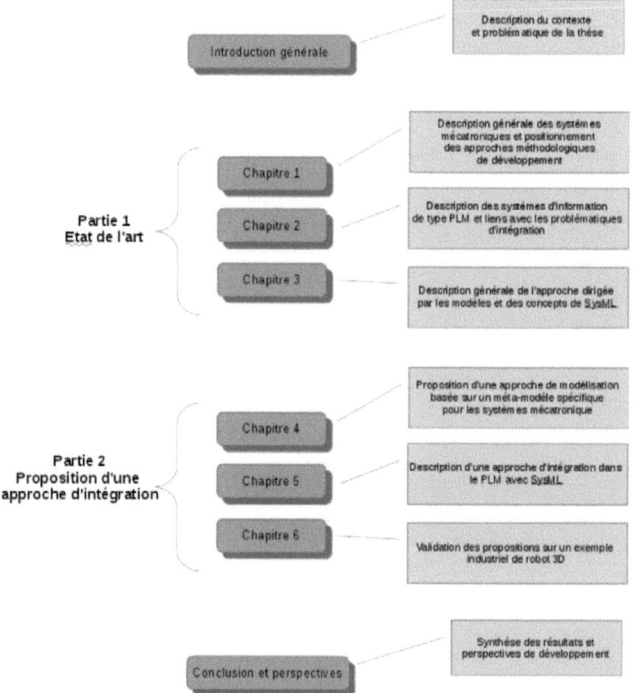

FIGURE 1 – Plan de lecture de la thèse

La première partie est un état de l'art dans lequel nous présentons une étude théorique sur trois axes différents :

Le premier chapitre est consacré aux systèmes mécatroniques. Nous présentons un ensemble de définitions ainsi que les caractéristiques générales d'un système mécatronique. Ces caractéristiques justifient la complexité de ces systèmes et influent directement sur les méthodes et les démarches de conception de ces systèmes ainsi que sur les outils utilisés lors de la conception.

Le deuxième chapitre est consacré aux systèmes d'information et plus particulièrement aux systèmes PLM. Après avoir présenté les bases de ces systèmes PLM nous présentons quelques travaux concernant l'intégration des systèmes mécatroniques

Dans le troisième et dernier chapitre de la partie état de l'art, nous décrivons un ensemble de méthodes de modélisation. Ainsi, ce chapitre commence par une étude sur les approches de modélisation MDA et MDE. Puis nous terminons par la description du langage SysML.

La deuxième partie de la thèse est consacrée à la proposition d'une approche de modélisation à mettre en place dans le développement des produits mécatroniques dans les systèmes PLM. La deuxième partie est composée de trois chapitres :

Dans le quatrième chapitre, nous proposons un méta-modèle pour l'intégration des données d'un système mécatronique dans les systèmes PLM. Ce chapitre s'inscrit dans la démarche de l'ingénierie dirigée par les modèles Cette modélisation permet de représenter les systèmes mécatroniques et leur structuration au sein d'un système PLM.

Dans le cinquième chapitre, nous présentons l'association de notre méta-modèle et démarche IDM avec le langage orienté système SysML. Ainsi, cette proposition permet de définir une démarche méthodologique identifiant tous les éléments d'intégration.

Dans le sixième chapitre, nous présentons une validation de cette approche autour d'un cas industriel complet et son intégration dans le système Windchill [APN+14] [APN+13] [APNB13] [APNB11a] [APNB11b]

Finalement, nous terminerons ce mémoire par une conclusion générale suivie de perspectives préconisées dans la continuité de ces travaux.

Première partie

État de l'art

Description globale de la première partie

Dans cette première partie nous présentons un état de l'art dans les domaines de recherche concernés par notre problématique.

Ainsi, cette partie se décompose en trois chapitres :
— Le premier chapitre concerne la caractérisation des systèmes complexes de type mécatronique. Dans ce chapitre nous présentons les principales caractéristiques de ces systèmes complexes au regard de la problématique posée. Ainsi, après avoir défini les systèmes mécatroniques, nous présentons les démarches globales de conception afin de montrer la nécessaire intégration au système d'information
— Le deuxième chapitre concerne les systèmes d'information supports aux démarches d'intégration en particulier les systèmes PLM. En effet dans ce chapitre, nous présentons le composant principal du SI le plus à même de gérer l'intégration des systèmes mécatroniques.
— Le troisième chapitre fait le point sur la démarche qui a été choisie dans nos travaux pour réaliser cette intégration et qui est basée sur l'ingénierie dirigée par les modèles.

Chapitre 1

Caractérisation des Systèmes Mécatroniques

Sommaire

1.1	**Introduction**	**11**
1.2	**Caractérisation générale d'un système mécatronique**	**12**
1.3	**Démarches globales de conception de systèmes mécatroniques** ..	**14**
	1.3.1 Processus de conception	14
	1.3.2 Approche classique vs ingénierie concourante	15
	1.3.3 Ingénierie Système	16
	1.3.4 Cycle en V et Ingénierie Système	18
1.4	**Les outils pour la conception d'un système mécatronique**	**20**
1.5	**Conclusion**	**21**

1.1 Introduction

L'évolution du contexte économique des entreprises équipées d'un système de production automatisé a modifié en profondeur la conception des machines de production. Les constructeurs de machines actuelles sont passés de machines rigides à usage unique à des machines polyvalentes et modulaires en adoptant des systèmes de contrôle et de commande modernes et intégrant des composants logiciels embarqués. Bien que ces améliorations aient permis de rendre ces machines plus adaptatives, elles ont aussi apporté leur lot de complexité. En effet, de plus en plus, les entreprises ont besoin de systèmes globaux intégrant un système de contrôle, de maintenance, et surtout, de forte capacité d'interaction avec leur système d'information. En plus de concevoir les éléments mécaniques, les constructeurs de machines incorporent désormais dans leurs conceptions une logique de contrôle, des Interface Homme-Machine (IHM), une gestion de la communication ou du réseau ainsi qu'une maintenance prédictive des machines.

Cette démarche dépasse largement le cadre des systèmes de production automatisés. Ainsi, les produits industriels principalement mécaniques ont beaucoup évolué et sont aujourd'hui constitués d'éléments multiples intégrant de l'électronique, de l'informatique temps réel, et bien d'autres éléments de technologies diverses. Ces produits sont appelés **produits mécatroniques**. Le mot "**mécatronique**" a probablement été créé par un ingénieur japonais en 1969 [KO96]. Avant cette date, le terme mécatronique avait une signification sensiblement différente par rapport à celle utilisée aujourd'hui. En fait, ce terme a été utilisé pour n'importe quelle machine mécanique comportant de l'énergie électrique. Aujourd'hui les produits/systèmes mécatroniques sont construits autour de l'intégration des composants dans différents domaines tels que le contrôle automatique, l'électronique et l'informatique embarquée. Ils constituent des produits complexes à concevoir pour plusieurs raisons. Outre la complexité inhérente à chaque domaine, c'est la mise en œuvre globale d'une démarche de développement efficace qui est aussi complexe. C'est d'ailleurs ce dernier point qui est le cœur de ce travail de thèse. Dans ce chapitre, nous présenterons les principales caractéristiques d'un système mécatronique. Par la suite nous parlerons de système mécatronique en général sans distinguer les produits mécatroniques.

1.2 Caractérisation générale d'un système mécatronique

Largement disponibles sur le marché, on trouve des systèmes mécatroniques dans la plupart des domaines : l'automobile (voiture électrique, thermique, hybride), l'industrie (robots, lignes flexibles, ...), la domotique (appareil électroménager, maison...), le spatial (satellite, robot d'exploration, ...). Dans la littérature, il existe de nombreuses définitions des concepts de la mécatronique. Nous pouvons en citer quelques unes :
Le groupe IEEE/ASME [H96] les définit comme :

> Mechatronics is the synergetic integration of mechanical engineering with electronics and intelligent computer control in the design and manufacturing of industrial products and processes.

La norme NF E01-010 [AFN08] définit la mécatronique comme :

> Une démarche visant l'intégration en synergie de la mécanique, l'électronique, l'automatique et l'informatique dans la conception et la fabrication d'un produit en vue d'augmenter et/ou d'optimiser sa fonctionnalité.

Le Journal international Mechatronics [DH91] :

Mechatronics in its fundamental form can be regarded as the fusion of mechanical and electrical disciplines in modern engineering process. It is a relatively new concept to the design of systems, devices and products aimed at achieving an optimal balance between basic mechanical structures and its overall control.

Un système mécatronique se distingue d'un système mécanique par les couplages qui existent entre les grandes fonctions supplémentaires qui sont liées aux interfaces avec l'environnement extérieur [DGP07] : *mesurer, penser, agir et communiquer*. Physiquement, ces fonctions sont assurées par des capteurs, des actionneurs, des unités de traitement et des interfaces entre l'homme et la machine. La plupart des systèmes mécatroniques comportent au moins un de ces quatre types d'éléments. Ces systèmes combinent donc des domaines pluridisciplinaires (fig. 1.1) comme le génie mécanique, le génie électrique, l'automatique et l'informatique temps réel (assemblage mécanique, liaison électrique, logiciel embarqué, simulation...). La synergie induite par les systèmes mécatroniques conduit à une combinaison intelligente de technologies [Mih07]. Cette synergie mène alors à des solutions et à des performances supérieures, qui ne pourraient pas être obtenues par des applications séparées.

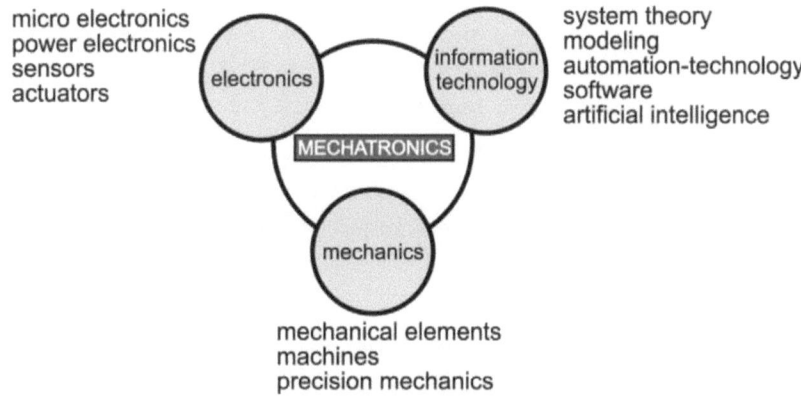

FIGURE 1.1 – Caractérisation d'un système mécatronique [Ise05]

Finalement, la complexité des systèmes mécatroniques est liée à deux critères relevant à la fois du multi-domaine et du multi-physique :
— multi-domaine : les systèmes mécatroniques sont une synergie entre plusieurs domaines. Dans un seul système mécatronique on peut retrouver des composants mécanique, électronique,

informatique, automatique, fluidique, chimique ...
— multi-physique : la synergie entre les domaines métier d'un système mécatronique provoque la création de plusieurs phénomènes physiques comme par exemple des effets thermiques ou bien électromagnétiques entre les composants.

Comme nous l'avons précisé en introduction générale, notre problématique se positionne sur les problèmes d'intégration ce qui impacte, de fait, les phases amont du développement. Ainsi, dans le paragraphe suivant, nous introduisons quelques démarches globales de conception utilisables pour des systèmes mécatroniques.

1.3 Démarches globales de conception de systèmes mécatroniques

1.3.1 Processus de conception

[VAD96] et [Per01] définissent la conception comme un ensemble d'activités et de processus permettant la concrétisation d'une idée (ou l'amélioration d'un produit existant), c'est à dire de passer de l'idée d'un nouveau produit à la délivrance de tous les documents qui assurent la production, l'utilisation et la maintenabilité du produit. [Rod84] identifie le processus de conception comme une transformation d'informations permettant de passer de l'abstrait au concret. [TCB95] et [LC92] enrichissent cette idée en précisant que le processus de conception est un passage du fonctionnel au structurel ; d'un état immatériel à un état matériel.

Il existe plusieurs classifications du processus de conception. Citons :

1. La conception routinière ou prédéfinie. Toutes les connaissances à mettre en œuvre sont totalement disponibles et identifiées. En outre, le concepteur connait globalement à l'avance les stratégies de conception. Le rôle du concepteur réside alors à la justification de ses choix, à l'amélioration ou à la modification de solutions antérieures vérifiant un ensemble de contraintes prédéfinies.

2. La conception innovante porte sur un produit connu. La décomposition du problème est connue, seulement les stratégies de conception pour chaque sous-problème ne sont pas connues. L'innovation correspond, généralement, à un besoin exprimé par des clients mais non encore satisfait.

3. La conception créative porte sur un produit inconnu. Elle intervient quand il n'existe aucune solution produit a priori et que toutes les connaissances relatives au produit et au processus de conception sont à spécifier. Le concepteur peut prendre part à la réalisation du cahier des charges et définit de nouvelles fonctions et de nouveaux paramètres du nouveau produit.

1.3.2 Approche classique vs ingénierie concourante

L'approche classique de conception des systèmes complexes est basée sur l'ingénierie séquentielle : chaque métier est traité indépendamment de manière séquentielle, chaque sous système est traité sans la prise en compte des liens avec les autres sous systèmes, il n'y a que peu ou pas de collaboration entre les concepteurs métiers. Dans de nombreux cas, les tâches du processus de développement s'enchaînent par domaine : mécanique, automatique, informatique... Inévitablement, les défauts de conception se découvrent tardivement dans le processus, ce qui aboutit à une augmentation des coûts et des délais de conception [Rag09].

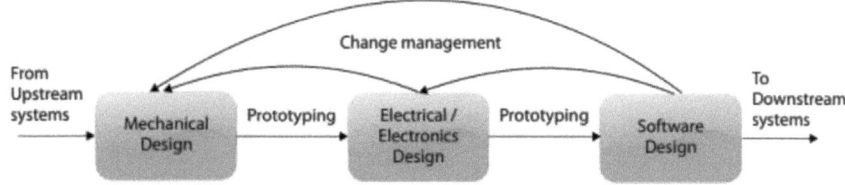

FIGURE 1.2 – Ingénierie séquentielle [Rag09]

Cette méthode est de fait devenue obsolète avec l'apparition de l'ingénierie concourante. En effet, la conception de ces systèmes nécessite des savoir-faire multiples et une forte collaboration entre les différents concepteurs de chaque métier. Un projet de conception d'un système mécatronique est indéniablement un projet collaboratif où la synergie entre partenaires des différents domaines technologiques doit permettre de réduire les temps de mise sur le marché, tout en maîtrisant la qualité des produits et leur prix de revient. Ainsi, l'ingénierie concourante ou simultanée [Den02] est une démarche basée sur la communication et la collaboration entre les différents acteurs d'un projet. C'est une approche organisationnelle systématique et globale de l'entreprise, basée sur la conduite simultanée et intégrée du cycle de vie du produit, mettant en œuvre des équipes pluridisciplinaires travaillant en symbiose et visant des objectifs de production communs de coût-délai-qualité (SOHLENIUS, 1992). Les principales caractéristiques du concurrent engineering sont :
— Exécution parallèle des activités de développement.
— Intégration et prise en compte des activités aval pendant le déroulement des activités amont.
— Constitution d'équipes pluridisciplinaires regroupant différents acteurs impliqués dans le projet de développement de produit.
— Optimisation des processus de développement existants

Cette démarche a eu beaucoup de succès dans la conception des produits mécatroniques et

16 Chapitre 1. Caractérisation des Systèmes Mécatroniques

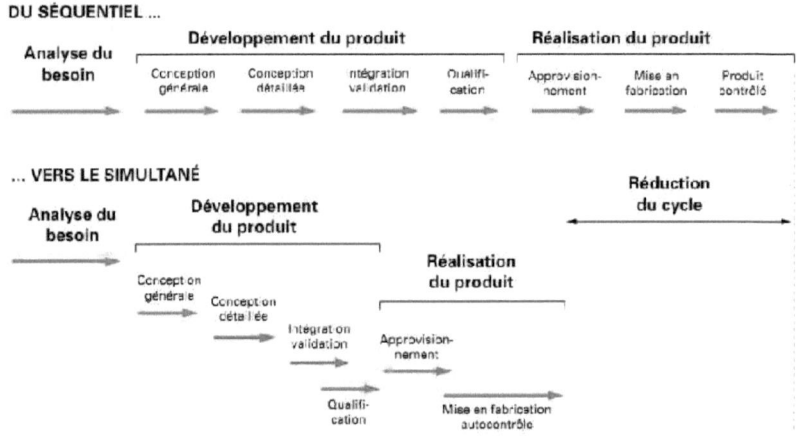

FIGURE 1.3 – Comparaison entre ingénierie séquentielle et ingénierie simultanée [DD98]

elle est même introduite dans la norme française XP E 01- 013 [AFN09] sur le cycle de vie et de conception des produits mécatroniques :

> Concevoir la solution par l'intégration en synergie de la mécanique, l'électronique, l'automatique et l'informatique, et non par décomposition du produit en sous-systèmes métiers juxtaposés.

Une combinaison des différentes technologies ne peut être optimale que si une réelle communication entre les différents spécialistes est mise en place et si l'interconnexion des différentes disciplines est prise en compte dès le processus de conception [Leb03].

Le dialogue entre les différents domaines ne cesse de s'améliorer, l'objectif des éditeurs est de créer des solutions qui font un lien fort entre ces domaines. Selon Aberdeen Group [Abr06], 68

1.3.3 Ingénierie Système

L'Ingénierie Système (IS) est apparue dans les années 60 afin de maîtriser les systèmes complexes par une ingénierie structurée. Au départ la mise en place de l'IS est apparue dans les contextes militaire, aéronautique, et spatial pour le contrôle des dépenses, contrôle de la navigation aérienne, les transports (ferroviaire, automobile, ...), les télécommunications. Aujourd'hui elle est présente dans tous les secteurs développant des produits ou des services complexes (énergie, chimie, biomédical, transport intelligent, bâtiment et travaux publics, ...).

1.3. Démarches globales de conception de systèmes mécatroniques

La complexité des systèmes fabriqués par l'homme dépasse parfois notre capacité d'analyse. Mais en examinant chaque partie du système, il est possible qu'on arrive à découvrir leur fonctionnement. La démarche systémique [D+03]regroupe les démarches théoriques, pratiques et méthodologiques, relatives à l'étude de ce qui est reconnu comme trop complexe pour pouvoir être abordé de façon réductionniste, et qui pose des problèmes de frontières, de relations internes et externes, de structure, de lois ou de propriétés émergentes caractérisant le système comme tel, ou des problèmes de mode d'observation, de représentation, de modélisation ou de simulation d'une totalité complexe.

L'ingénierie système est définie [Roq09] comme une démarche méthodologique pour maîtriser la conception des systèmes et produits complexes. On peut aussi la définir comme « une démarche [AFI09] méthodologique coopérative et interdisciplinaire qui englobe l'ensemble des activités adéquates pour concevoir, développer, faire évoluer et vérifier des produits, processus et compétences humaines apportant une solution économique et performante aux besoins des parties prenantes et acceptable par tous (inspirée de IEEE 1220). Cet ensemble est intégré en un système, dans un contexte de recherche d'équilibre et d'optimisation sur tout son cycle de vie ». Les pratiques de cette démarche sont aujourd'hui répertoriées dans des normes, réalisées à l'aide de méthodes et supportées par des outils.

La figure suivante (fig. 1.4) montre le passage du besoin à la solution en appliquant les méthodes IS et le caractère pluridisciplinaire de cette méthode.

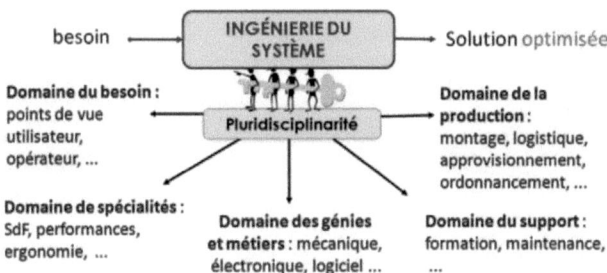

FIGURE 1.4 – Définition de l'Ingénierie Système - [FTCB11]

L'application de l'ingénierie système dans une entreprise doit répondre à trois questions clé (fig. 1.4) :

quoi faire ? permet de représenter les processus de définition des les activités à réaliser et les résultats attendus. L'objectif de l'ingénierie système est de mettre en place et améliorer les processus dans une entreprise afin de répondre aux attentes de l'entreprise en prenant compte des contraintes imposées (les normes existantes, retours d'expérience...) et des ressources disponibles. Ces processus peuvent être des processus technique, des processus de management ou bien des processus contractuels

comment faire ? permet de définir les méthodes utilisées afin de réaliser les activités définies. Les méthodes peuvent être tout type de démarche utilisée pour résoudre un problème quelconque dans l'entreprise comme par exemple les bonnes pratiques issues des retours d'expérience de l'entreprise ou des formules théoriques approuvées.

avec quoi faire ? permet d'identifier les outils qui permettent d'améliorer l'efficacité de réalisation des taches. Les outils sont généralement informatisés et permettent de mettre en place les méthodes définies.

1.3.4 Cycle en V et Ingénierie Système

Le cycle en V est un modèle conceptuel de gestion de projet, une méthode de conception qui a été créée spécialement pour les développements logiciels complexes. Le principe du cycle en V est que les tests de validation de la conformité du produit aux spécifications préalablement fixées doivent se réaliser dès les phases de conception initiales. Le cycle en V a été inventé pour remédier au problème de réactivité du cycle en cascade qui définit les phases traditionnelles du développement d'un projet séquentiellement les unes après les autres.

Le succès et l'efficacité de cette méthode en génie logiciel a facilité sa propagation dans de nombreux domaines. Aujourd'hui, les spécialistes de la conception de systèmes mécatroniques s'accordent à représenter leur démarche sous la forme d'un « cycle en V » [Jar10]. Le cycle en V est composé de deux branches :

— La phase descendante (top down) : ne se préoccupe pas du contexte de réalisation et se concentre sur la spécification d'entités élémentaires. Elle passe par les phases d'identification, de spécification détaillée...

— la phase ascendant[VAD96] et [Per01] définit la conception comme un ensemble d'activités et de processus permettant la concrétisation d'une idée (ou l'amélioration d'un produit existant), c'est à dire de passer de l'idée d'un nouveau produit à la délivrance de tous les documents qui assurent la production, l'utilisation et la maintenabilité du produit. [Rod84] identifie le processus de conception comme une transformation d'informations permettant de passer de l'abstrait au concret. [TCB95] et [LC92] enrichissent cette idée en précisant que le processus de conception est un passage du fonctionnel au structurel ; d'un état immatériel à un état matériel (bottom up) : c'est la phase d'implémentation et de mise en place. Elle passe par les phases de test unitaire, validation, intégration et déploiement. Cette phase nécessite une maitrise des différents outils de conception et de développement.

On peut dire alors que le cycle en V met en évidence la nécessité d'anticiper et de préparer dans les étapes descendantes les « attendus » des futures étapes montantes. Il permet ainsi de limiter le scope de validation de chaque étape et d'éviter les erreurs technologiques. Le modèle en V permet également selon une hiérarchisation descendante par étape, d'aboutir à la conception détaillée d'une application à partir d'une description abstraite [Len99]. Le cycle en V permet de développer parallèlement différents modules lorsque la phase de conception globale est déjà validée. Par exemple, dès que l'étape de conception globale est réalisée, on conçoit parallèlement les différents modules formant le système global [Hug07].

En se basant sur le cycle en V traditionnel et l'ingénierie système, le cycle en V d'un système mécatronique répond à deux conditions :

— Le cycle en V s'applique de la même manière sur les différents domaines métier du système mécatronique, tous les composants du système sont réalisés simultanément pour garder une synchronisation dans le développement du système global.

— La décomposition du système global en sous système afin de facilité la conception, et garder les liens entre les différents domaines métiers. Cependant, le cycle en V d'un système mécatronique peut être présenté sous la forme suivant (fig. 1.5)

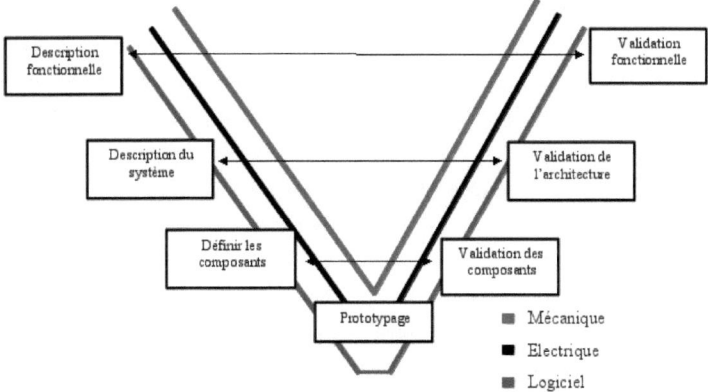

FIGURE 1.5 – Cycle en V des systèmes mécatroniques

Les principales étapes de cette démarche sous identifiées comme suit :

Analyse fonctionnelle Cette étape nécessite la compréhension des besoins et des exigences du client ou/ et du système. L'objectif de cette étape est de capitaliser toutes les informations nécessaires dans le développement.

Description du système Cette étape nécessite une étude approfondie du système mécatronique, notamment : ses comportements attendus, son architecture de communication, ses constituants organiques, la circulation des flux (énergie, données, ...)...

Analyse des sous systèmes Le système est décomposé en plusieurs sous-systèmes pour faciliter l'étude du système mécatronique. La décomposition prend en charge les liens et les interconnexions entre les différents composants.

Le développement des systèmes mécatroniques est une phase très complexe et nécessite l'application de plusieurs approches et de méthodologies qui permettent de faciliter l'étude du système et de créer un environnement de conception collaboratif. Pour réaliser cette tache, deux approches sont recommandées par la plupart des auteurs, on peut citer par exemple Isermann [Ise05] et [Leb03] : Ingénierie système et Approche système.

1.4 Les outils pour la conception d'un système mécatronique

Sur le plan des outils métiers, le développement des systèmes mécatroniques nécessite un ensemble de logiciels de conception et de simulation. En effet, Il est nécessaire de prendre en compte à la fois les dessins, les assemblages, les composants issus des logiciels MCAD (conception mécanique) et ECAD (conception électrique) ainsi que les données techniques provenant de la partie contrôle (automate programmable, contrôleur...) ou de l'interface homme-machine. Le développement d'un système mécatronique nécessite l'intégration, dans un "conteneur" global, de données hétérogènes issues des éditeurs métiers et des outils de configuration appropriés.

Sans être exhaustif, nous pouvons identifier quelques caractéristiques sur les données (et leur structuration).

— La CAO mécanique gère des données très structurées autour de la géométrie des systèmes et spécifiques à chaque applicatif. En complément, des données géométriques, les outils proposent des modules de simulation (résistance des matériaux...) et de calcul qui enrichissent la structure géométrique initiale. Il est a noter que la plupart des outils proposent en plus des formats d'échange neutres qui sont très utilisés.

— La CAO électrique gère les circuits électriques et le câblage électrique des différents composants, tout en traitant les aspects logique, électrique et 3D. Reposant généralement sur une bibliothèque de composants électriques, la création d'un schéma électrique est plus simplifiée que la CAO mécanique. Les données gérées sont très structurées et propres à chaque système mais il existe aussi des formats d'échange standard.

— Les programmes de commande simples peuvent être considérés comme un sous ensemble de la partie électrique, mais généralement ils sont traités à part avec des ateliers logiciels spécifiques pour la programmation des contrôleurs ou des Automates Programmable Industriel (API). Les API sont structurés autour d'une unité de calcul ou processeur possédant des entrées et des sorties physiques qui peuvent être connectées à des capteurs (tout ou rien ou analogiques), des actionneurs (moteurs, vérin électrique...) ou des effecteurs soit en connexion point à point soit à l'aide d'un ensemble de modules de communication supportant différents protocoles (Modbus, CANOpen, Ethernet...). Les programmes automates permettent de commander la partie électrique à l'aide de différents langages, on peut notamment citer les cinq langages définit par la norme IEC 61131-3 :
  — Ladder Diagram : langage graphique à contacts.
  — ST : langage littéral structuré.
  — IL : langage liste d'instruction.
  — SFC : Sequential Function Chart langage graphique représentant des diagrammes fonctionnels de séquence, évolution du Grafcet.
  — FBD : Function Block Diagram langage graphique permettant d'accéder à des bibliothèques de composants réutilisables et instanciables.
— Les logiciels embarqués sont implémentés dans des composants de types micro-contrôleurs et sont développés avec des logiciels permettant de créer des smart devices et le temps réel. Les composants logiciels possèdent une structure propre qui est issue d'une phase de compilation. Outre les IDE, la gestion des composants est gérée par des systèmes de gestion de source.

D'autres outils peuvent être nécessaires si le système intègre un domaine supplémentaire (ex hydraulique, pneumatique ...). Ainsi, les éléments constituants d'un système mécatronique sont de natures très diverses et possèdent des structurations indépendantes.

1.5 Conclusion

Dans ce chapitre, nous avons présenté les principales caractéristiques d'un système mécatronique. Comme nous l'avons montré, ces systèmes (au sens général du terme) sont des systèmes complexes à concevoir par la nature multi-domaine des éléments qui les composent. Cette complexité globale se rajoute à la complexité inhérente à chaque domaine. Dans ce contexte, nous pensons que les approches globales de développement doivent s'appuyer sur des capacités accrues d'intégration au sein des systèmes d'information. C'est un des éléments que nous présenterons dans notre proposition. Quoi qu'il en soit, le système d'information est déterminant dans la capacité qu'il présente à gérer globalement ces systèmes et le chapitre suivant traite principalement de ces aspects.

Chapitre 2

Les Systèmes d'Information Industriels

Sommaire

    2.1 Introduction **23**

    2.2 Les systèmes d'information pour les produits industriels **25**

        2.2.1 Origines des systèmes PLM 25

        2.2.2 Définition 25

        2.2.3 Notion autour du PLM 26

        2.2.4 Structuration produit au sein des systèmes PLM 29

    2.3 Les systèmes mécatroniques et les systèmes PLM **32**

    2.4 Conclusion **34**

2.1 Introduction

La question de la gestion globale des systèmes mécatroniques ne peut se poser sans un positionnement efficient et sans une intégration dans le système d'information des entreprises. Comme nous l'avons montré dans le chapitre précédent (cf chapitre 1), de par sa nature complexe et multi-domaine, le développement d'un système mécatronique, nécessite une réelle mise en œuvre collaborative au sein des organisations industrielles. De fait, le système d'information est au cœur des problématiques d'optimisation du processus de développement de ces produits. Classiquement, le système d'information est un ensemble organisé de ressources : matériels (machines informatiques, supports, ...), personnels (utilisateurs, informaticiens, ...), données (connaissances, modèles, ...), logiciels et procédures (programmes informatiques, méthodes de travail, ...) permettant d'acquérir, de traiter, de stocker et de communiquer des informations sous des formes variées au sein d'une entreprise [Rei95]. Cette définition, issue du courant systémique [LM77], reste valide mais elle ne montre pas la complexité inhérente au système d'information actuel qui est très hétérogène. Aujourd'hui, les entreprises disposent de différentes typologies de systèmes d'information. Chacun d'eux possède des fonctions plus ou moins spécifiques ainsi que des capacités d'interaction (échange de données asynchrone/synchrone, intégration des processus techniques, ...) [Pan06]. Malgré cette hétérogénéité, il est possible d'identifier plusieurs composants principaux :

Enterprise Ressource Planning . L'ERP a pour origine les MRP (Material Requirements Planning) apparus à la fin des années 60. Les MRP étaient très utilisés dans la manipulation de la nomenclature de production. L'évolution des MRP a conduit à l'apparition des systèmes d'information ERP, très utilisés aujourd'hui dans les entreprises. Les ERP sont des outils informatiques et des méthodes organisationnelles de l'entreprise qui comportent des connaissances métiers approfondies par des pratiques commerciales accumulées par les implémentations de fournisseur afin de gérer les ressources d'une organisation [Abb11]. Les systèmes ERP sont composés de différents modules qui intègrent la gestion de l'entreprise et les fonctions administratives, y compris les ressources humaines, la comptabilité, les achats, la finance...

Manufacturing execution system Le MES est un outil d'amélioration continu de la performance industrielle [McC01]. Il est le système d'exécution des fabrication et d'information de l'atelier de production. Il se situe en interface entre l'ERP et l'outil de production. Ses fonctionnalités initialement définies par le MESA (MES Association) ont servi de base à l'élaboration de la norme ISA 95 dont tous les offreurs se revendiquent. Les 2 fonctionnalités les plus répandues qu'il recouvre sont la mesure de la performance de l'outil de production au moyen du TRS (Taux de Rendement Synthétique) et la traçabilité des produits.

Product Lifecycle Management Le PLM permet de gérer les informations issues des différentes étapes de la vie des produits industriels, et de mettre à disposition toutes ces informations aux différents acteurs de l'entreprise selon leurs besoins.

Dans ce contexte, les systèmes PLM sont les plus à même de gérer la complexité des systèmes mécatroniques, et ceci pour plusieurs raisons : le PLM gère déjà par défaut une partie des données techniques d'un système mécatronique (comme la CAO par exemple). De plus, il possède des capacités d'extension de ses modèles métier. Ainsi dans la suite de ce chapitre, nous présentons un état de l'art de ces systèmes.

2.2 Les systèmes d'information pour les produits industriels

2.2.1 Origines des systèmes PLM

Les systèmes dits PLM (Product Lifecycle Management) sont issus des bases de données techniques développées dans les années 1980 pour supporter la gestion des données métier (principalement les données CAO) dans l'entreprise. Dans les années 90, avec l'apparition du World Wide Web, du e-commerce, et du B2B, plusieurs fonctionnalités sont ajoutées aux systèmes PDM (Product Data Management) facilitant le développement des produits comme la mise en place des processus transversaux permettant d'accélérer la production et de répondre aux besoins des clients.

Le contexte économique des années 2000 impose finalement aux industriels de maîtriser l'ensemble du cycle de vie de leurs produits, de leur conception jusqu'à leur recyclage. Ces problématiques nouvelles apparaissant posent finalement les bases de systèmes plus complexes dénommés PLM . Ils permettent un échange de données à travers le monde et se concentrent ainsi sur les entreprises étendues très présentes dans les années 2000 [Mar09]. Actuellement, les systèmes PLM sont présents dans la plupart des grandes entreprises et même les PME/PMI dans les différents domaines industriels comme l'automobile, l'électronique, le bâtiment...

2.2.2 Définition

Dans la littérature on peut noter plusieurs définitions des systèmes PLM. Le CimData [CIM03] définit le PLM comme :

> A strategic business approach that applies a consistent set of business solutions in support of the collaborative creation, management, dissemination and use of product definition information across the extended enterprise from concept to end of life - integrating people, processes, business system, and information.

Le PLM est un ensemble d'éléments (outils informatiques, dispositifs organisationnels, méthodes de travail) du système d'information spécialement dédiés à la gestion des produits. Il peut être vu comme une stratégie d'entreprise permettant de gérer, partager et sécuriser les informations sur un produit. Thimm et al [Thi06] proposent ainsi la définition suivante :

> a strategic business approach that consistently manages all life cycle stages of a product, commencing with market requirements through to disposal and recycling.

Tout au long de son cycle de vie, le PLM favorise la collaboration en interne ou en externe de l'entreprise en mettant les informations dans un coffre-fort accessible aux différents acteurs de l'entreprise (collaborateurs, partenaires, fournisseurs, équipementiers et clients). Les objectifs du

Fonctionnalités	Description
Coffre fort	Les informations et les données constituent le patrimoine technique d'une entreprise. Les systèmes d'information PLM permettent de centraliser les informations et de les partager entre les différents acteurs selon leur besoin en assurant la sécurité et la pérennité de ces données
Organisation et accès aux données	Les systèmes PLM facilitent l'accès aux données par divers mécanismes comme : la structuration des données autour des produits (article, nomenclature, ...), la capacité de recherche, la gestion des versions et des historiques, le contrôle des accès par « check in » et « check out »….
Collaboration	Les systèmes PLM permettent l'échange et le partage de données par la mise place d'espaces de travail collaboratifs (projet, ..), des mécanismes d'exportation et d'échange de données, des accès sur des standards du web.
Intégration	Les systèmes PLM sont des outils très ouverts avec les autres systèmes d'information (ERP, MES...), les logiciels métiers (de conception, de fabrication, de bureautique, ...).
Visualisation	Les systèmes PLM transforment les formats des pièces CAO 3D issus d'un logiciel de conception en format standard (STandard for the Exchange of Product (STEP) , Initial Graphics Exchange Specification (IGES)...) pour permettre aux utilisateurs de visualiser et manipuler ces données sans l'utilisation d'un logiciel de conception. Ceci très avantageusement pour ceux qui n'utilisent pas de logiciel de conception car ils ont accès à toutes les données 3D sans avoir besoin d'un logiciel CAO

TABLE 2.1 – Fonctionnalités du PLM

PLM sont d'augmenter la qualité du produit tout en diminuant les coûts et les délais de mise sur le marché. On peut distinguer les objectifs internes (diminuer les erreurs et augmenter la réutilisabilité, favoriser l'innovation, favoriser le travail simultané,...), des objectifs externes (satisfaire les clients, faire de meilleures réponses aux appels d'offres, diversifier et personnaliser les produits ...).

Le tableau (tab. 2.1) récapitule les principales fonctions d'un système PLM.

2.2.3 Notion autour du PLM

Le produit

Le produit est l'élément central de toute approche PLM. Un produit peut être un objet matériel, un service, un homme, une idée ou une organisation, conçu, créé et offert à la consommation dans le but de satisfaire un besoin identifié des consommateurs [Leh04]. Dans le PLM, un produit est aussi virtuel dans le sens où les systèmes PLM gèrent tous les états depuis l'idée d'un nouveau produit, jusqu'à sa fin de vie et son recyclage. Ce qu'on qualifie de produit virtuel, ce sont l'ensemble des informations liées au produit (données CAO, données FAO (Fabrication Assisté par Ordinateur), données techniques...). Le produit est sous format informatique, conçu par plusieurs logiciels et intégré dans le PLM sous forme d'une structure (fig. 2.1). On appelle *produit physique* le produit après l'industrialisation.

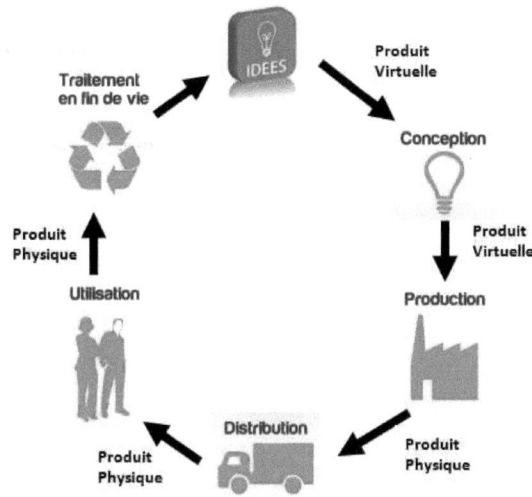

FIGURE 2.1 – Produit physique et produit virtuel

Le cycle de vie

Le cycle de vie permet donc de représenter un produit et ses composants à différents stades de son évolution depuis sa conception jusqu'à son recyclage ou sa destruction. Un des problèmes est de caractériser ce cycle de vie quelque soit le niveau de granularité d'étude. Il est donc nécessaire de proposer une approche différente du cycle de vie suivant cette granularité. A un niveau global, le cycle de vie d'un produit est caractérisé par les principales phases associées au développement : Début de vie, Milieu de vie et Fin de vie. Dans ce cadre, ces trois phases intègrent les principales étapes de développement (conception, industrialisation, production, distribution, maintenance, recyclage, ..) [JKX07]. A un niveau de granularité plus précis, le cycle de vie peut être également caractérisé par les étapes associées à des méthodologies spécifiques ; par exemple dans le cadre d'une conception avec un cycle en V. A ce niveau les états du cycle de vie sont en correspondance avec les principales étapes d'un processus métier (analyse fonctionnelle, analyse structurelle, prototypage, test et validation). Au niveau des composants, le cycle de vie peut être caractérisé par les états des composants gérés par les processus métier. Dans le cadre des systèmes de gestion de cycle de vie de produit (PLM), les objets techniques intégrés dans la base sont associés obligatoirement au cycle de vie (état de maturité des données techniques). Dans une représentation globale on peut considérer que le cycle de vie est l'union de l'ensemble des cycles de vie identifiés par granularité.

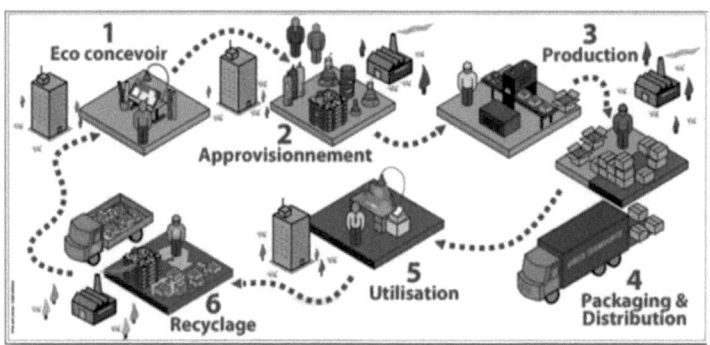

FIGURE 2.2 – Exemple de cycle de vie des produits dans l'industrie

Les processus

Le processus est un élément clé dans le développement des systèmes complexes. Il définit les activités utilisant des ressources et gérées de manière à permettre la transformation d'éléments d'entrée en éléments de sortie [ISO 9000 :2000]. La notion de processus permet de modéliser la dynamique des informations et de définir de manière cohérente les comportements des différents objets manipulés. La Norme ISO 9001 v 2000 « encourage l'adoption d'une approche processus lors du développement, de la mise en œuvre et de l'amélioration de l'efficacité d'un système de management de la qualité, afin d'accroître la satisfaction des clients par le respect de leurs exigences. »

Aujourd'hui une grande partie des processus est normalisée, ce sont des processus invariants qui ont montré leur efficacité et leur adaptation à l'organisation de plusieurs types d'entreprises dans des secteurs d'activité variés. Ils sont définis par des normes [AFN09] qui résultent d'un certain consensus entre les experts des organismes les plus avancés. Ils décrivent les types d'activités à réaliser et les résultats attendus de ces activités. D'autres processus sont institutionnalisés [AFN09] (ou définis par un organisme), souvent inspirés d'une norme (ou éventuellement source d'inspiration d'une norme), ils intègrent les bonnes pratiques et les méthodes propres à l'organisme pour réaliser ces activités. Quelle que soit la nature du processus (institutionnalisé ou normalisé) il faut l'adapter au besoin de l'entreprise. L'ajustement des processus est une phase très sensible car un processus mal adapté peut être une source de perte de temps. L'ajustement des processus est réalisé à partir d'une norme, d'un retour d'expérience, d'une ancienne implémentation...

Le développement des processus passe généralement par la phase de modélisation puis la phase de mise en place sous forme de plusieurs workflows. Le workflow est un outil informatique qui constitue le fil conducteur des processus métier. Grâce à cet outil, les différentes étapes d'un processus (décisions, approbations, tâches, informations, etc.) sont transmises électroniquement aux utilisateurs concernés. Au cours du processus, les données enregistrées dans le système garantissent en tout temps le suivi des tâches . Les workflows sont très utilisés de nos jours dans le SI, leur utilisation est très simple une fois que le modèle de processus est mis en place. L'objectif est de garder la trace de toute intervention sur un processus dans le système d'information.

2.2.4 Structuration produit au sein des systèmes PLM

La structure du produit joue un rôle majeur dans la gestion du cycle de vie du produit. Il définit la relation structurée entre les éléments de produits et intègre toutes les informations relatives au produit [SAZ08]. Dans le système PLM, la structure du produit est fortement liée à toutes les activités métiers de l'entreprise, la structure du produit dans un système PLM est associée à la vue métier (conception, industrialisation, fabrication ...).

La structuration d'un produit constitue donc l'élément clé pour concevoir et fabriquer un produit industriel. Plusieurs décisions critiques prises par des entreprises dépendent de la façon dont le produit est structuré [Gar88]. Chaque mode de représentation du produit correspond évidemment à une façon de structurer le produit qui satisfait les besoins spécifiques d'une fonction au niveau de la maîtrise de l'information qu'elle génère et/ou manipule [Bc07].

Certains auteurs définissent la structure du produit comme étant typiquement une classification hiérarchique des articles constituant un produit [DMZB02] [HNML04], décrivant les matériaux, les composants, les sous-assemblages et autres articles au sein d'une structure par niveaux. Randoing [Ran88] présente une approche mixte de la modélisation conjointe des vues et de la structure du produit au sein des SGDT. Cette approche assume d'abord qu'un produit n'a qu'une seule structure complète nommée la « super-nomenclature », référençant toutes les informations nécessaires à la fabrication du produit. Essentiellement, la super-nomenclature n'est composée que d'éléments et de liens composé-composant pouvant chacun posséder une multitude d'attributs. Cet exemple de modélisation mixte de la structure du produit constitue d'ailleurs la solution retenue par [EGNR04] pour l'implémentation d'un SGDT [Bc07].

Lorsque les technologies de développement de produits font appel à plusieurs solutions ponctuelles, qui gèrent des vues indépendantes du produit numérique (vue CFAO, vue Nomenclature, vue Coûts, etc.), il est pratiquement impossible aux différents utilisateurs d'avoir une vue d'ensemble cohérente du produit et de préserver une certaine intégrité entre toutes ces vues [Mar09]. La structure du produit peut donc être vue comme les relations physiquement structurées entre les sous-systèmes et composants qui constituent un produit et intègre toutes les informations du produit et des documents [Sch05]. C'est alors un arbre hiérarchique représentant la classification des éléments qui composent un produit et les liens entre les éléments, est une information clé largement utilisée par les différentes activités effectuées à différents stades [HMN+06] [EGNR04].

He et al [HMN+06] ont défini la structure du produit comme étant typiquement une classification hiérarchique des articles constituant un produit, décrivant les matériaux, les composants, les sous-assemblages et autres articles au sein d'une structure par niveaux. Elle est construite à partir des différents types d'objets définis dans le système PLM. Les types d'objets, sont génériques et instanciables pour pouvoir supporter tout type de produit quel que soit le domaine d'utilisation .

Quel que soit les systèmes PLM, nous pouvons identifier quelques éléments génériques :

— l'article est un élément central et le principal outil de gestion dans un système PLM. Il peut soit être un composant ou un assemblage. Associé à d'autres articles sous la forme d'une nomenclature d'articles, il permet de créer la structure produit. La structure d'article forme l'épine dorsale de gestion d'un produit.
— un document métier (CAO, HPGL (Hewlett Packard Graphic Language), ..) n'est intégrable qu'au travers un logiciel spécifique. Il possède une complexité intrinsèque. Par exemple, un document CAO contient des modèles 3D, assemblages, composants mais peut aussi contenir des données secondaires (représentations IGES ou STEP, données de calcul, etc.).
— un document standard, permet de décrire un document CAO ou un article, auquel il est possible de joindre des fichiers portant de l'information tels que des fichiers MS Office (Word, Excel, Powerpoint) ou des images.
— les liens permettent d'associer ces trois types d'objets pour construire la structure produit. Il y a des liens simples qui permettent de lier deux objets de même type (deux articles, deux documents CAO ou deux documents standards) mais il y a aussi des liens composés qui permettent de lier deux types différents (un article et un document CAO ou bien un article et un document standard).

Dans un système PLM, la structure du produit change selon le service. Classiquement, la structure de produit du point de vue étude Engineering Bill of Materials (eBOM) diffère de celle vue sous l'angle de la fabrication Manufacturing Bill of Materials (mBOM). Dans le cadre industriel, on peut facilement retrouver plusieurs représentations de la structure de produit qui varient selon la vue associée :

Structure fonctionnelle Un système peut être présenté sous forme d'un ensemble de fonctions et de contraintes. L'étude fonctionnelle représente le point de départ pour la création d'un produit. Elle permet de mettre le doigt sur les exigences du système afin de les respecter durant les différentes phases de cycle de vie. Le modèle fonctionnel constitue une description de la fonctionnalité du produit. Dérivé à partir de la spécification du produit, il comprend notamment la structure hiérarchique des fonctions [Bc07] . Citons par ailleurs Van Beek [VBT08]

> a functional model shows how the general goal of a system is achieved by realization of sub goals via the sub functions in the system.

Structure de conception : Permet de traduire la représentation fonctionnelle du produit en une représentation hiérarchique de matériaux, de composant... Elle structure la vision du produit [Bc07] portée principalement par les bureaux d'études de façon à permettre la description de la solution technique élaborée en réponse à l'expression fonctionnelle du besoin et aux exigences techniques. La vue de conception est réalisée avec des outils de Conception Assistée par Ordinateur ayant la capacité de représenter un composant en 2 ou 3 dimensions.

Structure de production constitue une description des étapes successives d'élaboration du produit à partir des matières, composants et sous-ensembles [Mau93] Elle permet d'obtenir une vision hiérarchique du produit qui s'appuie sur les articles (composés et composants) et qui prend en compte l'organisation de la production. En effet dans la vue de fabrication il y a des composants qui peuvent apparaitre et qui n'ont pas d'utilité dans la vue conception par exemple de la colle, de la peinture, un carton d'emballage ou un porte outil... La figure suivante (fig. 2.3) montre deux vues différentes (design et manufacturing) dans le système d'information PLM Windchill de PTC (Parametric Technology Corporation) :

La figure (fig. 2.4) représente une étude effectué Par Svenson et Malmqvist [SM02] représentant une multitude de structures de produits présentes dans une entreprise du secteur automobile (Volvo Car Corporation) en Suède. Ces structures de produit possèdent une forte dépendance entre les composants.

.

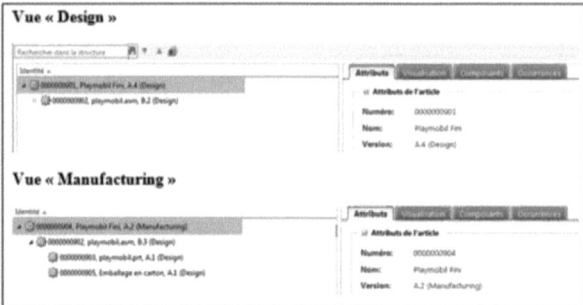

FIGURE 2.3 – Vue du produit dans windchill

Nom de la structure du produit	Description
Structure de conception	• Le produit est décomposé en systèmes et sous-systèmes d'un point de vue fonctionnel. • Utilisée par le département de conception.
Structure de fabrication	• Les matériaux et les opérations menant à la fabrication du produit fini définissent l'organisation de la structure.
Structure d'achat	• Basée sur une classification des pièces; • Comprend les pièces et assemblages provenant de la structure de fabrication; • Utilisée par les acheteurs seulement.
Structure de gestion des commandes	• Structure les commandes pour être en mesure d'émettre les différents ordres de fabrication aux diverses usines.
Structure des pièces de rechange	• Les pièces de rechange sont structurées en kits de rechange comprenant tous les éléments requis pour effectuer une réparation spécifique.
Structure de service	• La documentation technique et les kits de rechange sont structurés par classes d'interventions de service.

FIGURE 2.4 – Structure du produit observée chez volvo en suède [SM02]

2.3 Les systèmes mécatroniques et les systèmes PLM

L'intégration des données d'un système mécatronique dans le PLM est une problématique assez récente, cependant, quelques travaux existent sur ce sujet. Kenway Chen [CBPS09] présente les problématiques d'intégration des systèmes mécatroniques dans le PLM. Dans la première partie de l'article l'auteur présente les différents formats et standard d'échange entre les logiciels de conception (mécanique, électrique...) et les systèmes PDM. Dans la seconde partie, il présente l'approche de modélisation de l'intégration des données dans le PLM. Il propose en premier lieu de décomposer le système mécatronique en plusieurs composants et de les classer en deux parties (partie électrique et partie mécanique), ensuite de relever les contraintes existant entre les composants et de classifier

2.3. Les systèmes mécatroniques et les systèmes PLM

ces dépendances entre les données dans un tableau comportant tous les composants et les liens entre eux.

Ulf Sellgren [STMB09] propose une approche pour intégrer les données d'un système mécatronique dans le PLM, l'auteur insiste sur la nécessité d'un langage de modélisation basé sur le système d'ingénierie. Il utilise les systèmes basés sur des modèles d'ingénierie (the Model-Based Systems Engineering MBSE) comme approche pour modéliser l'architecture de l'intégration.

Dans un autre article, Oliver Eck et Dirk Schaefer [SER99] ont proposé une base de connaissances commune pour les modèles CAO des produits paramétriques interdisciplinaires. Cette étude est basée sur un réseau sémantique actif (Active Semantic Network ASN) qui permet de modéliser les dépendances entre les modèles de produits et la mise à disposition de ces informations pour les différents concepteurs de produits. plus récemment, les mêmes auteurs [ES10] analysent la problématique d'intégration des données d'un système mécatronique dans le PLM. Les auteurs proposent un système de fichiers sémantique, SIL (Semantics Instead of Location), pour fournir un système sémantique compatible intelligent, qui permet d'apporter les mécanismes de recherche nécessaires sur une couche logicielle. Ce système peut être utilisé comme une plate-forme commune des systèmes de conception de produits et d'autres liés à l'ingénierie des systèmes tels que PDM, CAO...

Malte Prosser et Al [PMC+13] proposent une approche capable de résoudre le problème d'échange de données d'un point de vue de la modélisation et de réduire la tâche de transfert des informations d'un modèle de données à l'autre. Cette approche est appelée une stratégie intermédiaire dans la modélisation des données qui combine les avantages du bottom-up et des stratégies top-down. Il permet à un modèle de données cohérent d'être établi et de répondre aux exigences de toutes les disciplines de l'ingénierie impliquées dans l'ingénierie des processus de conception. Cette stratégie de modélisation a été vérifié dans une étude industrielle qui a été entreprise dans le processus de conception d'ingénierie mécatronique et les résultats sont très intéressants. De l'autre côté, la modélisation avec SysML (Systems Modeling Language) que nous proposons dans ce travail, non seulement permet de représenter les exigences de toutes les disciplines de l'ingénierie, mais ajoute une analyse structurelle et comportementale de toutes les disciplines d'ingénierie. L'échange de données via XML présente des avantages [BPSM+08]. En effet, le langage de modélisation XML (Extensible Markup Language) peut être facilement traité, car la plupart des langages de programmation fournissent un soutien pour la sérialisation de modèles d'objet au format XML.

D'autres approches intéressantes pour l'intégration d'outils logiciels hétérogènes dans les SI PLM, peuvent être trouvées dans la littérature de Alexopoulos et al [AMXC11]. Les auteurs décrivent une approche basée sur la gestion des workflows et des outils qui ont été développés dans le but de favoriser la coordination et l'intégration des activités d'ingénierie de production à l'aide de différents outils numériques. Le AutomationML a été utilisé comme un format intermédiaire pour l'échange de données entre les tâches avec des formats de données incompatibles. L'utilisation de AutomationML facilite considérablement l'intégration et l'échange entre les données. Les auteurs appliquent cette méthode sur un exemple industriel très similaire à celui proposé dans cette thèse. Les résultats sont intéressants et montrent l'efficacité de cette méthode, mais jusqu'à maintenant, il n'y a pas autant d'outils de traduction disponibles [AMXC11], étant donné que AutomationML est un nouveau format de données. Toutefois, en raison de son efficacité, il est prévu que d'autres outils de conversion soient disponibles à l'avenir.

Dans la suite de cette première partie nous proposons notre approche de modélisation similaire à l'approche de réseau sémantique proposée par Dirk Schaefer [SER99] et Kenway Chen [CBPS09]. Dans cette étude, les auteurs ont couplé l'approche avec une extension d'UML (Unified Modeling Language) dédiée à l'analyse des systèmes (SysML). L'utilisation de SysML permet de bénéficier des avantages de SysML tout en gardant l'objectif de faciliter le niveau d'intégration dans le PLM . SysML est utilisé en tant que facilitateur de la conception, c'est à dire, dans la conception d'un contexte d'utilisation du système de PLM. SysML enrichit l'étude globale de l'intégration des données dans le système PLM en prenant en compte les aspects "fonctionnels, structurels et comportementaux" qui sont très essentiels pour l'intégration. L'utilisation de SysML permet également de représenter et illustrer tous les composants et les interactions entre les composants et les composants non - logiciels (mécanique, hydraulique, capteurs ...) , les équations physiques , le flux continu (matière, énergie ...) et enfin il permet de prendre en compte la nature multidisciplinaire des systèmes mécatroniques par la promotion de systèmes d'ingénierie.

2.4 Conclusion

Dans ce chapitre nous avons identifié et présenté le composant du SI le plus adéquat pour gérer un système mécatronique : le système PLM. Toutefois, s'il présente des outils pour gérer chaque composant dans sa complexité, il ne permet pas de gérer une intégration globale au regard d'une méthodologie de conception spécifique. Ce constat nous a naturellement encouragé à proposer une approche d'enrichissement des modèles afin de venir suppléer les manques actuels et surtout d'intégrer une réelle approche méthodologique systémique.

Chapitre 3

Ingénierie dirigée par les modèles pour les systèmes complexes

Sommaire

3.1	**Introduction**	**35**
3.2	**Approche MDE/MDA**	**36**
	3.2.1 Model Driven Engineering (MDE)	36
	3.2.2 Model Driven Architecture de l'OMG (MDA)	37
3.3	**UML versus SYSML**	**38**
	3.3.1 La genèse et les concepts d'UML	38
	3.3.2 De l'UML au SysML	40
	3.3.3 SysML	40
3.4	**Conclusion**	**42**

3.1 Introduction

Notre principale assertion est de considérer que la gestion de la complexité des systèmes mécatroniques doit être abordée du point de vue des systèmes d'information. Si les deux chapitres précédents présentent un état de l'art sur ces éléments de contexte (système mécatronique et système d'information), nous allons aborder dans le chapitre suivant les éléments permettant de construire notre démarche de résolution au sein de ce contexte et plus particulièrement des systèmes d'information industriels. Notre démarche est en partie issue d'une approche du monde logiciel. En effet, ce secteur, qui a connu des sauts technologiques majeurs ces dernières années, propose de plus en plus de solutions d'abstraction pour résoudre le développement des applications complexes grâce à des standards de modélisation comme par exemple ceux de l'OMG (Object Management Group). Cette approche n'est pas totalement nouvelle car elle est utilisée depuis longtemps dans les sciences de l'ingénieur pour réduire la complexité d'une étude. Toutefois, l'Ingénierie Dirigée par les Modèles (IDM), a permis plusieurs améliorations significatives dans le développement de systèmes complexes en permettant de se concentrer sur une préoccupation plus abstraite que la programmation classique [And04]. Comme nous le verrons dans la deuxième partie de la thèse, nous utiliserons les mêmes principes de modélisation et de raffinement de modèles afin de faciliter l'intégration des systèmes mécatroniques. Pour ce faire, nous utiliserons le langage de modélisation (SysML) Système Modeling Language spécialement adapté à la description des systèmes. Ce chapitre présente donc les principes de l'IDM et les langages proposés par l'OMG, notamment SysML.

3.2 Approche MDE/MDA

3.2.1 Model Driven Engineering (MDE)

Ainsi, la démarche de construction successive de modèles est de plus en plus au cœur des démarches de développement des applications logicielles. Elle est utilisée dans les différentes étapes de mise en place d'une nouvelle application ou d'une nouvelle architecture, allant de la conception du logiciel jusqu'au test et la validation, Elle permet [J10] de séparer des préoccupations en abstrayant des aspects spécifiques de la réalité pour des objectifs précis. La démarche est basée sur la construction d'un modèle ou d'une représentation qui permet de faciliter la compréhension et de représenter les différentes contraintes dont il faut tenir compte lors du développement. Un modèle est une abstraction d'un système, modélisé sous la forme d'un ensemble de faits construits dans une intention particulière. Un modèle doit pouvoir être utilisé pour répondre à des questions sur le système modélisé [Com08]. L'ingénierie dirigée par les modèles (IDM) ou Model Driven Engineering (MDE) en anglais, est donc un ensemble d'outils, de concepts et de langages qui permettent de créer et de transformer un modèle. Elle est devenue relativement populaire ces dernières années pour faire face à des préoccupations d'analyse et de conception, en s'appuyant notamment sur des langages de modélisation de la famille d'UML(Unified Modeling Language) [J10]. Il s'agit d'une forme d'ingénierie générative où tout ou partie d'une application est généré à partir de modèles. Il y a deux étapes clés dans l'ingénierie dirigée par les modèles, la définition des DSML (Domain Specific Modeling Language) et la transformation de ces modèles. Contrairement à l'approche objet, qui est basée sur les relations d'instance et d'héritage, l'ingénierie dirigée par les modèles utilise un concept de relation basé sur la représentation et la conformité.

Cette approche a beaucoup d'intérêt lors de la mise en place d'une application logicielle. Premièrement, elle permet de maitriser la complexité du système étudié en représentant d'une manière simplifiée les différents aspects statique, dynamique et fonctionnel d'un système. Deuxièmement elle favorise la réutilisabilité en créant des modèles génériques qui peuvent s'appliquer à des problématiques similaires, et finalement permet de garder une certaine indépendance par rapport à l'évolution technologique de chaque domaine.

3.2.2 Model Driven Architecture de l'OMG (MDA)

L'ingénierie dirigée par les modèles peut être considérée comme une généralisation [MEBF06] de l'approche MDA (Model Driven Architecture) qui a été proposée par l'OMG en novembre 2000 pour le développement et la maintenance des systèmes à prépondérance logicielle (fig. 3.1).

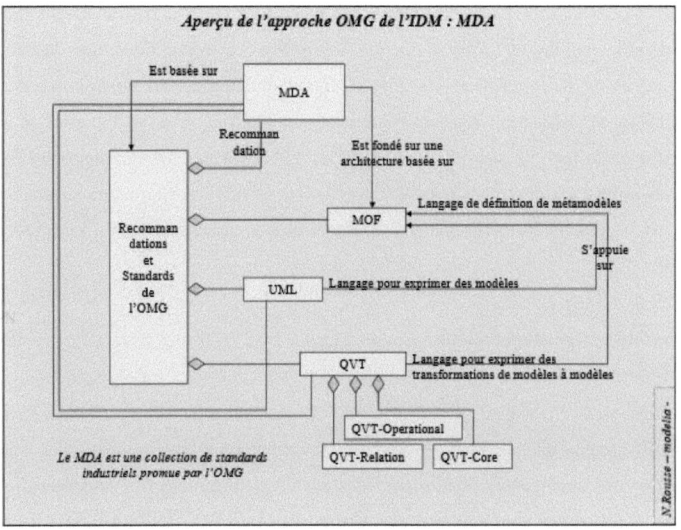

FIGURE 3.1 – Aperçu de l'approche OMG de l'IDM : MDA

L'approche MDA [OMG01] [MM03] a été introduite dans le but de définir une façon de modéliser et d'exploiter les modèles [And04]. L'approche MDA peut être considérée comme un ensemble de bonnes pratiques de la modélisation permettant d'aboutir à une réalisation concrète (dans ce cas il s'agit d'un logiciel exécutable) [BS05]. Cette démarche apporte un changement important dans la conception des applications. Elle introduit une séparation nette entre la logique métier et la logique d'implémentation de l'entreprise [And04]. L'approche MDA exploite les différents standards de l'OMG UML (Unified Modeling Language), MOF (Meta-Object Facilities), XMI (Metadata

Interchange)...) afin de construire les modèles sur lesquels est basée l'étude MDA pour construire une nouvelle application ; à savoir le modèle d'exigences CIM (Computation Independent Model), d'analyse et de conception PIM (Platform Independant Model) et de code PSM (Platform Specific Model).

3.3 UML versus SYSML

3.3.1 La genèse et les concepts d'UML

Le Graal du concepteur et du développeur dans le monde logiciel a longtemps été la recherche d'une méthode ou d'un langage unique qui soit compréhensible par tout le monde (informaticien ou non) avec lequel chacun peut exprimer ses besoins, décrire son travail. Cette problématique commence dans les années 80 ; à cette époque, il n'existe aucun standard dans la démarche pour le développement ou la conception logicielle. Cependant chaque entreprise possède sa méthode spécifique plus au moins compréhensible par les experts logiciels. Ces représentations peuvent être à la fois textuelle ou bien graphique ou les deux en même temps. Avec l'apparition de l'approche objet dans les années 90, plusieurs nouvelles méthodes de modélisation commencent à apparaitre. En 1994, il existe plus de 50 méthodologies orientées objets recensées [Sig05], les plus connues sont par exemple :

— Booch de Grady Booch,
— Oose (Object Oriented Software Engineering) d'Ivar Jacobson à qui l'on doit les Use cases.
— OMT de James Rumbaugh,

L'UML-1 est issue du travail d'unification de ces méthodes et a été publié en 97 par l'OMG. UML se définit comme un langage de modélisation graphique et textuel destiné à comprendre et décrire des besoins, spécifier et documenter des systèmes, esquisser des architectures logicielles, concevoir des solutions et communiquer des points de vue. UML unifie à la fois les notations et les concepts orientés objet. Depuis, UML a connu plusieurs modifications qui correspondaient aux besoins des concepteurs logiciels pour aboutir à la version d'UML la plus utilisée en ce moment appelée l'UML-2 (fig. 3.2). Dans les spécifications du langage UML on distingue deux grandes catégories de description pour un système donné, on retrouve ces deux visions dans certaines méthodes qui ont inspiré les premières versions du langage :

Une description structurelle

— Diagramme de classes : description les différents éléments statiques formant la structure du système.

— Diagramme d'objets : description des interactions entre les éléments du système.
— Diagramme de packages : description du regroupement logique du modèle
— Diagramme de structure composite : montre la structure interne d'un élément statique qui nécessite une étude complémentaire ;
— Diagramme de composants : montre l'organisation du système du point de vue composant ;
— Diagramme de déploiement : montre l'architecture physique des ressources matérielles.

Une description comportementale
— Diagramme de cas d'utilisation : description du comportement fonctionnel du système ainsi que des interactions entre les acteurs et le système ;
— Diagramme de vue d'ensemble des interactions : fusionne les diagrammes d'activité et de séquence.
— Diagramme de séquence : montre la séquence chronologique des messages passés entre les composants du système.
— Diagramme de communication : montre la communication entre objets ;
— Diagramme de temps : montre l'évolution de l'état d'un objet au cours du temps ;
— Diagramme d'activité : montre le déroulement des actions au sein d'une activité ;
— Diagramme d'états : montre les différents états et transitions possibles.

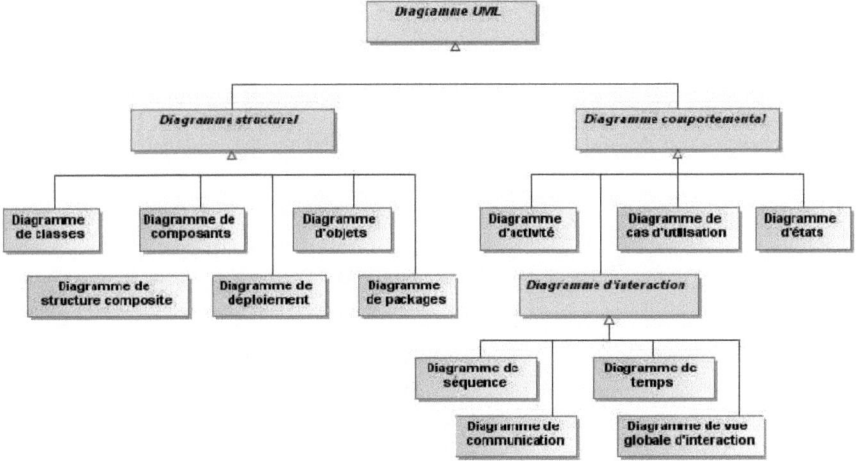

FIGURE 3.2 – Diagrammes UML

3.3.2 De l'UML au SysML

Le succès d'UML comme langage de modélisation a dépassé les attentes de ses créateurs. Malgré l'apparition d'autres langages de modélisation, UML reste très largement utilisé dans de nombreux domaines malgré son orientation intrinsèque vers le monde logiciel [DK10] [NSF+12] qui ne satisfait pas tous les utilisateurs. En effet, les diagrammes UML ne permettent pas de décrire un système où il est nécessaire de représenter des données non logicielles (les circulations de flux, les paramétrages de certains composants, l'architecture de communication...) qui sont des informations nécessaires pour décrire un système. Les démarches plus globales de l'ingénierie système nécessitent un langage de modélisation qui soit adapté aux différents domaines métiers et pas seulement aux exigences logicielles. Cette modification d'UML a été possible grâce au concept de stéréotype d'UML qui a permis d'adapter le vocabulaire aux besoins des ingénieurs système, en éliminant les mots « objet » et « classe » au profit du terme plus neutre de « bloc », c'est-à-dire en gommant les aspects les plus informatiques d'UML, et en renommant ce langage de modélisation SysML comme un nouveau langage différent d'UML, tout en profitant de sa filiation directe [Roq09]. SysML est donc dérivé d'UML (fig. 3.3) et orienté vers la modélisation des systèmes complexes et de l'ingénierie des systèmes.

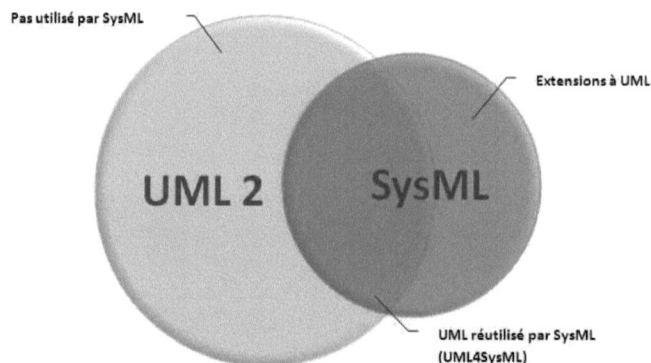

FIGURE 3.3 – De l'UML vers le SysML

3.3.3 SysML

SysML a donc été défini par l'OMG [OMG12a] avec pour objectif de supporter la spécification (diagrammes d'exigences), l'analyse, la conception, le test et la validation de systèmes complexes.

SysML permet une modélisation plus souple et plus expressive ; l'utilisation de ses différents diagrammes autorise la modélisation du matériel, des logiciels, des informations, des processus, du personnel et aussi des installations [KK11]. SysML s'articule autour de neuf types de diagrammes, chacun d'eux étant dédié à la représentation des concepts particuliers d'un système. La modélisation d'un système ne nécessite pas l'utilisation de tous les diagrammes SysML, tout dépend de l'étude à effectuer. Ces types de diagrammes (fig. 3.4) sont répartis par l'OMG en trois grands groupes :

Quatre diagrammes comportementaux : dans lesquels on retrouve les spécifications dynamiques à la fois internes aux objets identifiés et décrits dans la partie structurelle mais également les interactions entre ces différents objets.

— Diagramme d'activité : présente un enchaînement des actions dans le système.

— Diagramme de séquence : séquence verticale et chronologique des messages passés entre les blocs d'un système.

— Diagramme d'états : différents états et transitions possibles des blocs dynamiques pour représenter les différents cycles de vie d'un bloc. Ce diagramme est repris du concept machine à états finis.

— Diagramme de cas d'utilisation : permet de donner une description fonctionnelle de haut niveau du système. Ce diagramme représente les interactions entre les acteurs et le système à l'étude.

Un diagramme transverse : représente les capacités et les contraintes à satisfaire par le système. Ce diagramme représente l'ensemble des exigences du système définies par le client sous forme d'un cahier de charge.

— Diagramme d'exigences : exigences du système et leurs relations.

Quatre diagrammes structurels : permettant la représentation des éléments d'un système de façon structurée en offrant une vision statique.

— Diagramme de définition de blocs : permet de décrire la structure d'un système en définissant ses différents constituants statiques.

— Diagramme de bloc interne : permet de définir la structure interne du système en montrant les connexions entre les composants des systèmes.

— Diagramme paramétrique : montre les contraintes du système, et les équations qui le régissent.

— Diagramme de packages : permet de montrer l'organisation logique du système.

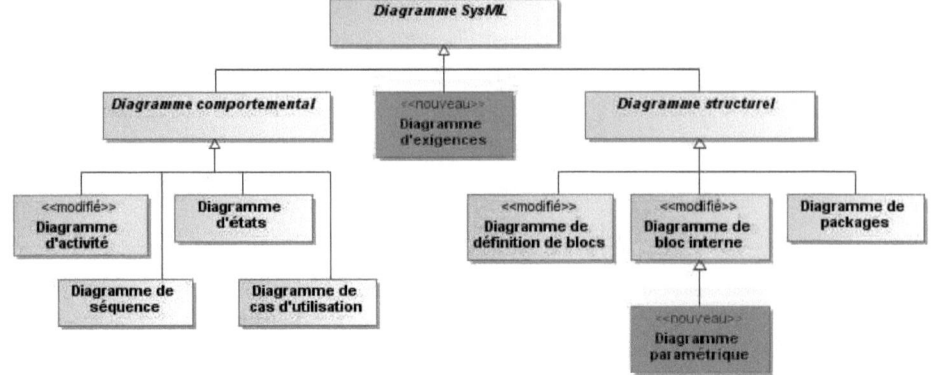

FIGURE 3.4 – Diagramme SysML

3.4 Conclusion

L'objet de ce chapitre était de présenter la démarche de l'Ingénierie Dirigée par les Modèles (IDM) et un langage de modélisation associé. Comme nous le détaillons dans la seconde partie, la démarche de résolution des problématiques d'intégration que nous proposons est une démarche IDM. Pour autant, nous avions à faire un choix entre UML ou SysML comme langage de modélisation. Notre choix s'est porté sur SysML pour plusieurs raisons.

— SysML apporte une spécialisation orientée système qui est conforme aux représentations des systèmes complexes que sont les produits mécatroniques. Cette conformité est due en partie à la séparation entre la modélisation structurelle et comportementale. De plus, la notion de bloc est totalement adapté à définir des éléments ou des fonctions. Enfin , les diagrammes internes de block permettent d'avoir une approche détaillée suivant le besoin.

— UML n'est pas une méthode. Or, les problématiques qui touchent à l'intégration, impliquent souvent de guider le concepteur dans l'usage de l'outil d'intégration (surtout quand l'outil est un langage). Indéniablement, SysML apporte une réelle possibilité de définir une méthode associée. Les exigences sont une très bonne illustration de cela. Poser les exigences attendue avant de spécifier les fonctions du système est un exemple d'aide pour le concepteur.

Au final, nous pensons que SysML est le langage de modélisation qui est le plus adapté à faciliter l'intégration des système mécatronique dans le PLM. La seconde partie de la thèse met en évidence l'usage de SysML en tant qu'outil de modélisation et en tant que démarche méthodologique.

Deuxième partie

proposition d'une approche d'intégration des systèmes Mecatronique

Description globale de la seconde partie

Dans cette seconde partie nous présentons notre proposition vis à vis de la problématique identifiée en introduction générale. Ainsi, cette partie se décompose en trois chapitres :
— Le premier chapitre concerne la proposition de méta-modèles spécifiques pour la caractérisation d'un système mécatronique
— Le deuxième chapitre concerne la présentation d'une démarche globale d'intégration basée sur SysML et les méta-modèle du chapitre précédent
— Le troisième chapitre présente un cas d'étude permettant de valider les différentes propositions

Chapitre 4

Méta-modèle pour l'intégration globale des systèmes Mecatroniques

Sommaire

4.1	**Introduction**	**47**
4.2	**Vers un méta-modèle pour système mécatronique**	**48**
	4.2.1 Description générale du méta-modèle	48
4.3	**Modèles métier et méta-modèle**	**51**
	4.3.1 Domaines et objets métiers	51
	4.3.2 Liens structurels et dépendance	53
	4.3.3 Les contraintes	55
4.4	**Méta-modèle et PLM**	**56**
4.5	**Conclusion**	**58**

4.1 Introduction

Dans la première partie, nous avons introduit les problématiques de gestion des systèmes mécatroniques au sein des systèmes d'information. Plus particulièrement, nous nous sommes intéressés au système d'information dédié à la gestion des produits industriels et dénommé PLM. En effet, l'usage des systèmes PLM comme support dans les différents cycles de conception des produits industriels, permet de réduire les coûts de développement, d'accélérer les cycles de développement et d'augmenter la qualité du produit. Toutefois, comme nous l'avons précisé dans l'état de l'art, ces systèmes d'information sont principalement centrés sur la gestion des dessins techniques et des fichiers CAO durant la phase de conception du produit [MBB05]. Cette caractéristique historique, ne permet pas de gérer la complexité des systèmes mécatroniques. Pour autant, les capacités de généricité des systèmes PLM nous amène à proposer une approche de modélisation qui permette de prendre en compte les spécificités de ces systèmes complexes. Ainsi, dans ce chapitre nous proposons un méta-modèle pour des concepts qui seront implémenter dans un système PLM afin de prendre en compte toutes les complexités de gestion.

4.2 Vers un méta-modèle pour système mécatronique

4.2.1 Description générale du méta-modèle

Comme nous l'avons déjà abordé (cf chapitre 2), les systèmes PLM sont nativement génériques et en théorie capables de supporter l'intégration de tout type de données. Ces capacités sont possibles grâce au fait que ces systèmes reposent sur quelques concepts relativement génériques. En effet, la structuration des modèles métier est construite dans la plupart des cas sur le concept de l'article et des liens de nomenclature. De plus, la conception de ces systèmes est toujours bâtie autour d'une base relationnelle. Cette généricité est un atout exploitable si on souhaite caractériser un méta-modèle afin de structurer les concepts fondamentaux qui vont permettre de garantir une conformité des modèles métier quels que soient ceux-ci (fig. 4.1).

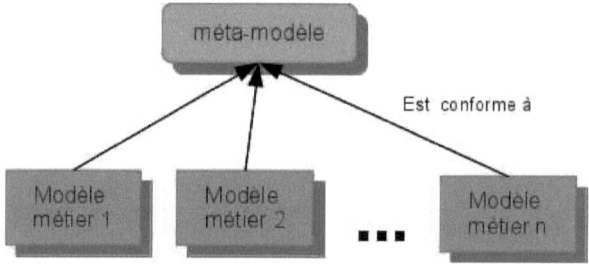

FIGURE 4.1 – Méta-modèle et modèle métier

Dans notre cas d'étude, le méta-modèle participe à garantir une infrastructure technique transversale permettant de gérer plus efficacement la masse de données associées au produit et ainsi de recouvrer l'intégralité de son cycle de vie [Zin07]. De plus, le méta-modèle que nous proposons est une abstraction des différents niveaux métier d'un système mécatronique. Il a donc implicitement deux fonctions, car il permet de :
— valider la conformité des éléments d'un modèle métier spécifique.
— caractériser les éléments supplétifs non structurés des interactions entre les modèles spécifiques.

4.2. Vers un méta-modèle pour système mécatronique

En effet, sur les aspects de validation, la nature même d'un méta-modèle est de pouvoir définir des liens de conformité vis à vis des modèles liés. Sur les aspects de caractérisation des éléments supplétifs, notre choix n'est pas de modéliser précisément l'ensemble des interactions entre les domaines, mais plutôt de caractériser leur existence et si possible leurs conséquences (en termes d'impact).

Ainsi, dans notre cas, le problème ne se résume pas à extraire des informations du bureau d'études pour l'ensemble de l'entreprise, mais bien de disposer d'une approche de modélisation. Il est donc possible de concevoir un méta-modèle [Leb03] [WMZB09] qui puisse décomposer les caractéristiques d'une application métier (CAO, composant logiciel ...) et créer des liens qualitatifs entre les caractéristiques identifiées. Ce méta-modèle est défini dans une approche proche de MDA à l'aide des formes stéréotypées qui constituent les annotations des classes, les associations, les dépendances et les composants utilisés dans les diagrammes métier. La structure du produit est modélisée alors avec des diagrammes UML [Per02] [EGNR04].

Par ailleurs, l'utilisation de méta-modèles permet de faciliter les transformations de modèle. Dans notre cas de figure il s'agit de transformer un modèle métier en un modèle instanciable au sein d'un système PLM (démarche MDA). La figure suivante (fig. 4.2) résume la démarche de transformation proposée. En considérant, que les modèles métier sont du niveau PIM, que les modèles PLM sont du niveau PSM, que chaque modèle (PIM ou PSM) est conforme à son méta-modèle respectif, la mise en place de règles de transformation au niveau des méta-modèles (type mapping-rules) va permettre de mettre en oeuvre la transformation des modèles du PIM vers le PSM.

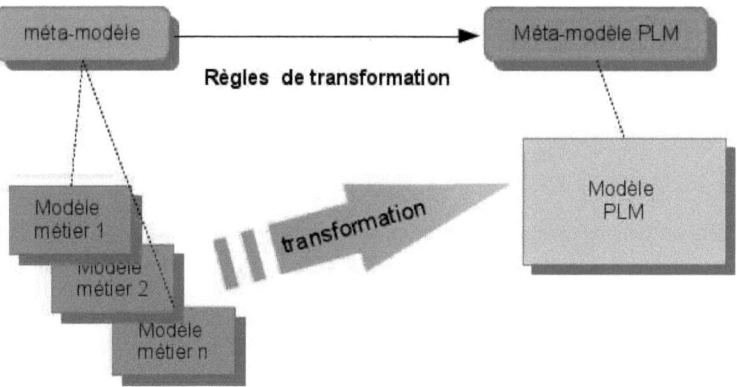

FIGURE 4.2 – Méta-modèle de transformation de modèles métier

50   Chapitre 4. Méta-modèle pour l'intégration globale des systèmes Mecatroniques

Notre démarche est donc de caractériser les concepts génériques permettant de représenter un système mécatronique. Dans la démarche MDA qui est induite, ces concepts doivent faire partie du niveau CIM. En réalité, nous identifions aussi des concepts qui sont induits par le système cible , dans notre cas le PLM. Notre CIM n'est donc pas totalement indépendant de la plateforme. Toutefois "l'esprit" de MDA est respecté car il y a bien une indépendance vis à vis de la plateforme d'exécution. Finalement nous pouvons considérer que nous ajoutons des concepts liés au SI.

Ainsi donc, les concepts proposés pour caractériser le méta-modèle sont décrits ci-dessous.

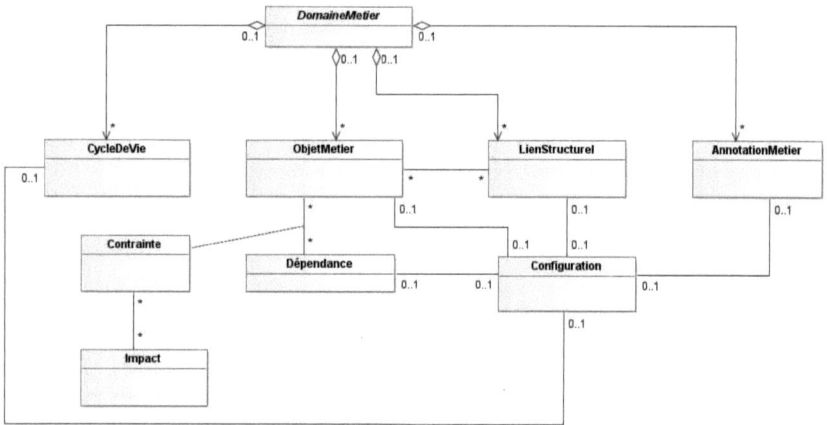

FIGURE 4.3 – Méta-modèle pour l'intégration des données d'un système mécatronique

Les domaines métier caractérisent les différents domaines d'expertise technique dans un système mécatronique (mécanique, électronique, hydraulique, etc.). Ils sont utilisés pour permettre un regroupement sémantique cohérent par des ingénieurs métier, répartis en plusieurs filières au sein de l'entreprise.

Les objets métier ou composants métier sont les différents éléments métier qui forment la constitution globale du produit. un objet ou un composant métier caractérise un composant qui a vocation à être géré au sein du système d'information.

Les annotations métier sont des concepts ou des informations qui présentent un intérêt pour le domaine sans pour autant présenter la nécessité d'être gérées de façon unitaire par le système d'information.

Les **liens structurels métier** caractérisent les dépendances fonctionnelles internes entre objets d'un même métier.

Les **liens de dépendance et contraintes** définissent une relation qualitative ou quantitative entre les différents concepts des domaines métiers. On peut distinguer les dépendances construites (contraintes métiers) dans le cadre d'un processus, des dépendances causales qui résultent d'une cause physique induite. Pour chaque dépendance on caractérise le niveau d'impact de la dépendance.

La **configuration** regroupe une situation de modélisation de ces différents concepts.

Les **cycles de vie** permettent de caractériser les évolutions temporelles et la maturité des différents composants.

La figure suivante (fig. 4.3) décrit les différents concepts du métal-modèle ainsi que les liens entre ces concepts.

4.3 Modèles métier et méta-modèle

Dans cette section nous allons illustrer quelques exemples de modélisation métier en conformité avec les différents concepts du méta-modèle (fig. 4.3). Les modèles métier pour un système mécatronique sont définis par des diagrammes UML. Le méta-modèle est décrit par les extensions d'UML 2.0 dont les stéréotypes.

4.3.1 Domaines et objets métiers

Le premier concept à utiliser est le plus simple dans le méta-modèle : le *domaine métier*. Les domaines métier représentent l'ensemble des domaines d'expertise définis dans un système mécatronique. Ils sont dirigés par des ingénieurs métiers, répartis en plusieurs filières au sein de l'entreprise. La figure suivante (fig. 4.4) illustre les domaines métier d'un système mécatronique de type système de production automatisé (cf chapitre 2).

Le deuxième concept à utiliser est *l' objet métier*. Les objets métier sont identifiés avec un lien fort avec les domaines métier. En effet, ils caractérisent les principaux composants, qui forment la constitution complète du système mécatronique. Dans notre cas d'étude, on peut facilement distinguer quelques types de données à intégrer dans la base PLM selon le domaine d'expertise défini précédemment. Ainsi, un assemblage mécanique (fig. 4.5) pour un système mécatronique est essentiellement constitué de deux éléments qui décrivent des structures génériques que l'on retrouve dans la plupart des outils CAO (à ce niveau, il n'est pas nécessaire de rentrer dans le détail de la structure géométrique des produits) :

52   Chapitre 4. Méta-modèle pour l'intégration globale des systèmes Mecatroniques

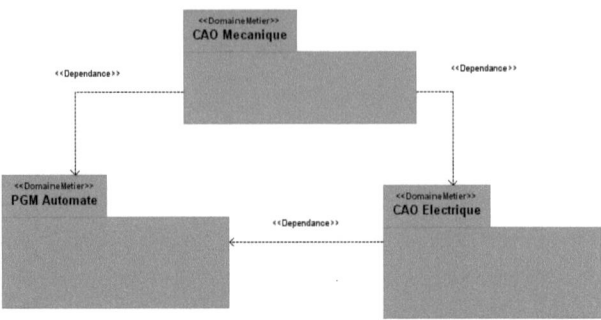

FIGURE 4.4 – Les domaines métier dans un système automatisé de production

— les assemblages : c'est une structure de pièces liées par des contraintes mécaniques,
— les pièces : c'est la plus petite granularité dans le système, elle est formée d'un seul type de matériau et elle ne peut pas être décomposée.

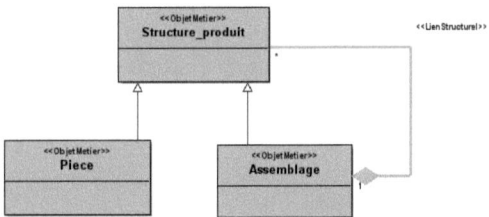

FIGURE 4.5 – Diagramme de classe d'un assemblage mécanique d'un système mécatronique

En ce qui concerne la partie logiciel, un programme automate peut être décomposé principalement en deux sous ensembles élémentaires d'objets métier et de liens de structure (fig. 4.6) :
— Le programme principal : contient les différents blocs fonctions et les variables écrits sous le standard IEC1131-3 qui est constitué de cinq langages qui peuvent être utilisés pour la programmation d'applications d'automatisme.
— La configuration de l'application : décrit les caractéristiques de l'automate, les bus de terrain et les entrées/sorties utilisés.

Et finalement, pour la partie ECAD (fig. 4.7), un schéma électrique est une association de composants électroniques avec un schéma électrique. La représentation UML est très semblable à la représentation de la structure mécanique.
— Circuit électrique : ensemble présenté généralement sous forme de circuit imprimé (PCB de

l'anglais Printed Circuit Board) afin de relier électriquement des composants électroniques.
— Composant : élément électronique assemblé avec d'autres composants afin de réaliser une ou plusieurs fonctions électronique. l'assemblage de ces composants se réalise à l'aide d'un schéma électrique sur un circuit imprimé.

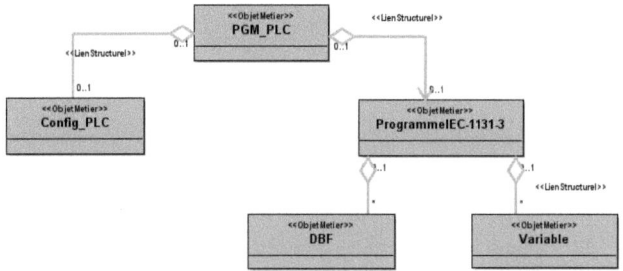

FIGURE 4.6 – Diagramme de classe d'une application automate.

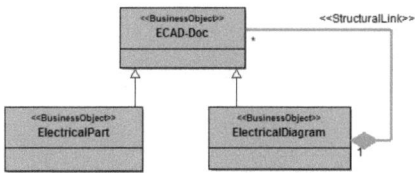

FIGURE 4.7 – Diagramme de classe d'un composant électrique.

L'objet ou composant métier est un concept qui porte implicitement une potentialité d'intégration unitaire dans le système d'information. Quelle que que soit sa forme, il produira un objet (au sens de l'instanciation) référençable et manipulable par un utilisateur. L'annotation métier est un concept plus faible en terme d'usage dans le système d'information. L'annotation n'a pas d'existence en soi et porte sur un des concepts (objet métier, lien structurel, dépendance, ..).

4.3.2 Liens structurels et dépendance

L'intégration des données liées aux différentes facettes d'un système mécatronique dans un PLM est une phase essentielle, mais elle ne montre pas les interactions entre les composants. L'intérêt d'un système PLM ne réside pas uniquement dans le stockage des données, mais aussi dans la gestion de ces données. Les définitions de produit, et par conséquent les données industrielles, ne partent pas seulement du bureau d'études, mais aussi des services en amont et en aval. Le problème de la gestion du cycle de vie du produit ne se résume pas à extraire des informations du bureau d'études pour l'ensemble de l'entreprise, mais à disposer d'une infrastructure technique transversale à l'entreprise permettant de gérer plus efficacement la masse de données associées au produit et ainsi de recouvrer l'intégralité de son cycle de vie [Zin07]. Pour cela l'intégration globale des données ne doit pas contenir uniquement la nomenclature des différentes facettes du produit, mais également les liens structurels qui existent entre elles ainsi que les liens qui existent au sein de l'objet métier lui-même.

Les liens structurels sont généralement des liens de compositions. Ils permettent de représenter les relations entre deux ou plusieurs données dans le même métier (mécanique ou électrique ou automate). Dans la plupart des cas, ces liens sont générés par le logiciel CAO utilisé dans l'intégration CAO-PLM. L'intégration des données dans le PLM suit des règles d'ordonnancement. Par exemple la représentation d'un produit dans ces systèmes d'informations doit contenir des liens entre les composants pour former une nomenclature produit. Dans les systèmes PLM on peut trouver plusieurs types de liens pour construire une nomenclature produit unique tout au long du cycle de vie du produit. Dans une représentation de la nomenclature d'un système mécanique, les liens parent-enfant entre un assemblage (parent) constitué de plusieurs composants (enfants) sont tous des liens structurels comme l'indique la figure suivante (fig. 4.10).

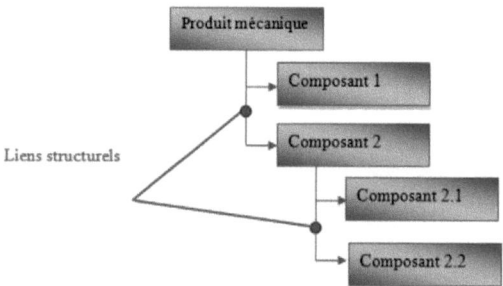

FIGURE 4.8 – Les liens structurels pour un modèle CAO mécanique

Les liens de dépendances sont les liens qui existent entre deux données de deux métiers différents. Dans le PLM, ces liens sont généralement créés par un utilisateur, une fois que toutes les données métier sont intégrées dans la base de données. Dans plusieurs cas, les liens de dépendance sont associés à des contraintes, pour montrer les interactions entre les domaines métier. Les différents diagrammes caractérisent les instances du méta-modèle pour les concepts d'objet métier et de lien structurel. Cette étape initiale est complétée par la caractérisation des liens sous contrainte. Pour cela, il est nécessaire d'identifier les contraintes entre les différents objets métiers. Les liens sous contrainte décrivent la sémantique des interactions interdisciplinaires.

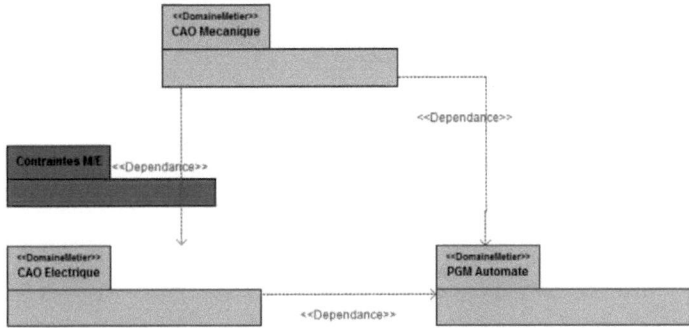

FIGURE 4.9 – Les liens de dépendances dans un système mécatronique

4.3.3 Les contraintes

Dans plusieurs cas, l'intégration des données liées aux différentes facettes d'un système mécatronique dans un PLM ne montre pas les interactions entre les composants, cependant les contraintes entre les données sont des informations très utiles quel que soit le cycle de vie du système.

Les contraintes sont des relations qui existent entre les données d'un système mécatronique. Elles sont associées aux liens structurels et aux liens de dépendances. Ce sont tous types d'informations non représentées avec les données métier et qui soit utile pour la conception, la fabrication, ou bien la maintenance du système par exemple existence d'un champ magnétique ou bien d'un échange de données entre deux composants du système. Ces informations sont généralement non représentées dans le système d'information ni dans le modèle du produit sauf qu'elles sont essentielles dans la conception du système. Ces contraintes, généralement cachées, nécessitent une compréhension détaillée du système pour les représenter. Les industriels se trouvent confrontés à la nécessité de comprendre pleinement l'impact des modifications proposées aux différentes étapes du développement [Mar09]. Pour cela, il est nécessaire d'identifier les contraintes entre les différents objets métier et de pouvoir les représenter dans les systèmes d'information pour minimiser les erreurs dans la conception du produit. Les liens sous contrainte décrivent la sémantique des interactions interdisciplinaires. A ce niveau, les contraintes peuvent être faibles voir nulles ou purement statiques (le

56 Chapitre 4. Méta-modèle pour l'intégration globale des systèmes Mecatroniques

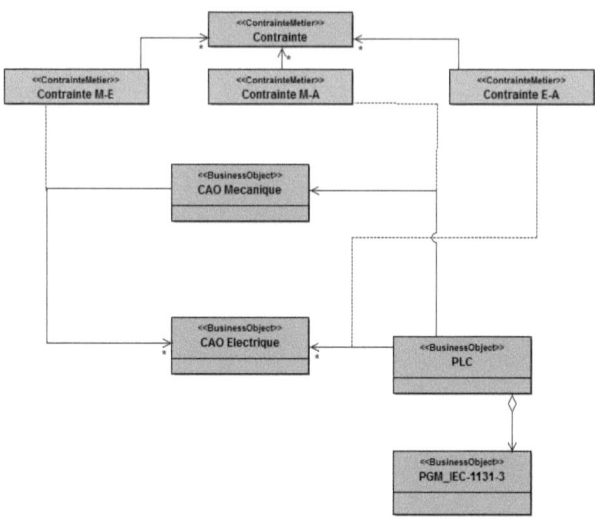

FIGURE 4.10 – Les contraintes dans un systèmes mécatronique

vérin va « avoir besoin » de liaisons électriques, un capteur va « posséder une représentation » en CAO). Dans certains cas, les contraintes peuvent être « valuées » ou qualifiées (ex : les contraintes de type « usage » (fig. 4.10)).

L'impact permet de qualifier la conséquence d'une contrainte en amont et en aval de la relation au travers d'une grille relationnelle. A titre d'exemple si l'on se réfère à l'ensemble des composants qui procède une représentation CAO, l'impact de cette contrainte est faible sur le niveau fonctionnel mais elle est forte en cas de modification de la dimension d'un des composants. Ainsi, dans le cadre d'un processus de gestion de modification, un changement de composant (domaine électrique) dont les dimensions sont différentes, aura un impact sur l'assemblage finale (domaine mécanique). A ce niveau , il n'est pas nécessaire de chercher à modéliser précisément les impacts mais plus à les identifier comme source d'événement déclenchant des alertes ou avertissements

4.4 Méta-modèle et PLM

Dans cette partie nous aborderons la définition d'un méta-modèle pour le PLM Windchill. A ce niveau il n'est pas nécessaire d'avoir un méta-modèle générique à tous les systèmes PLM. Tout d'abord, parce que ce "méta-modèle" n'existe pas (ou s'il existe, il est d'un niveau d'abstraction qui ne permet pas une instanciation). Ensuite, parce que notre besoin est de générer les classes d'objet

4.4. Méta-modèle et PLM

qui vont être effectivement instanciées dans le système cible. Dans une vision MDA, le niveau de ce méta-modèle serait typiquement le PSM. Dans ce contexte, le méta-modèle permet de mettre en œuvre une approche de mapping (fig. 4.2) nécessaire à la transformation des concepts du système.

Dans Windchill, nous pouvons distinguer trois types d'objets techniques(fig. 6.19). Ces objets techniques suivent le modèle structurel défini précédemment :

— WTPart : article au sens générique.
— WTEPMDOC : documents CAO au sens générique.
— WTDOC : documents standards dans le sens générique.

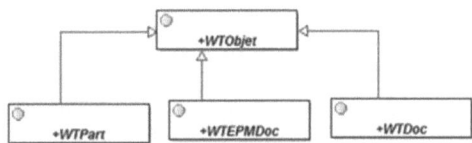

FIGURE 4.11 – Les objets techniques dans Windchill

Ces objets techniques sont instanciables. Il est tout à fait possible de créer un lien de type parent-enfant pour chaque objet technique pour permettre l'intégration de tout type de données de l'entreprise en utilisant un logiciel de conception. Dans notre cas, il est nécessaire de créer des sous-types (mécanique, électrique et logiciel) associés à chaque objet technique. Le diagramme SysML est indiqué comme suit (fig. 6.20) :

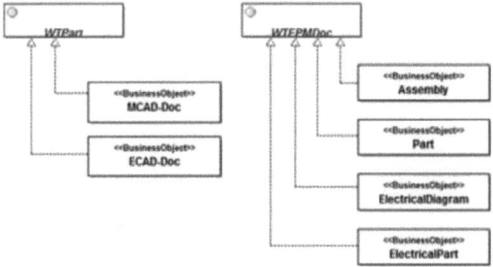

FIGURE 4.12 – Extrait de l'intégration des composants dans Windchill

4.5 Conclusion

Dans ce chapitre nous avons proposé une approche pour l'intégration des systèmes mécatroniques à partir d'un modèle issu d'un méta-modèle théorique qui représente les différentes facettes métier. La mise en œuvre de ce modèle dans un système d'information de type PLM est dépendante du méta-modèle du système concerné quand celui-ci existe. L'intérêt du méta-modèle proposé est double. D'une part il permet de mettre en place un mécanisme de conformité implicite. En effet, les stéréotypes sont des extensions d'UML qui permettent de valider des règles de conformité intrinsèquement à la constitution d'un modèle. D'autre part, il permet de créer des règles de transformation (entre le méta-modèle générique d'un système mécatronique et le méta-modèle spécifique de Windchill).

Les tests d'implémentation au sein du PLM Windchill que nous détaillons dans le dernier chapitre suivant (cf chapitre 6), nous ont permis de valider qu'il était possible de passer d'une représentation système à des éléments instanciables (dans le PLM). Pour autant, la mise en place de règles de conformité ne facilite par la définition du système en lui même. Le chapitre suivant propose justement une démarche méthodologique pour faciliter cette identification, grâce notamment à l'utilisation de SysML

Chapitre 5

Proposition d'une approche d'intégration des systèmes mécatroniques dans le PLM

Sommaire

5.1	**Introduction**	**59**
	5.1.1 Quel usage de SysML	60
	5.1.2 Présentation de la démarche globale	61
5.2	**Modélisation pour l'intégration des systèmes mécatroniques dans le PLM avec SysML**	**62**
	5.2.1 Exigences et étude fonctionnelle	62
	5.2.2 Etude structurelle	64
	5.2.3 Etude comportementale	67
	5.2.4 Complétion des modèles métiers	71
5.3	**Démarche d'intégration dans les systèmes PLM**	**73**
5.4	**Conclusion**	**76**

5.1 Introduction

La démarche proposée dans le chapitre précédent est similaire à une démarche d'Ingénierie Dirigée par les Modèles (IDM) car d'une part, le méta-modèle permet de valider des modèles métier conformes aux concepts que nous avons identifiés, d'autre part les modèles métier doivent être transformés dans des modèles instanciables pour le PLM. Pour autant, le méta-modèle ne permet pas une identification simple de ces modèles métiers. En effet, dans une démarche d'intégration qui aboutit à un modèle instanciable dans un système d'information, il convient de définir les mécanismes permettant d'identifier et de construire ces différents modèles métier.

L'approche proposée dans ce chapitre pour construire ces différents modèles métiers, qui représentent le système mécatronique, est basée sur un langage dérivé d'UML et adapté aux systèmes : **SysML**. L'approche que nous proposons, s'appuie sur le méta-modèle défini dans le chapitre précédent ainsi que sur l'exploitation des diagrammes SysML. Notre approche de modélisation est similaire à celles proposées par Dirk Schaefer [SER99] et [CBPS09]. Dans ces travaux, les auteurs ont couplé différentes approches avec une extension d'UML dédiée à l'analyse des systèmes (SysML). Dans notre contexte d'étude, c'est l'intégration des données techniques relatives au produit mécatronique (plus particulièrement un système automatisé de production) dans les systèmes PLM durant la phase de conception qui est au cœur de la problématique. Ainsi, comme le schématise la figure suivante (fig. 5.1), le processus d'intégration du système PLM contribue au processus global de conception du système. Pour autant, il nous semble difficile de considérer cette intégration comme un simple sous-processus indépendant. En effet, comme nous le verrons par la suite, l'utilisation de SysML induit une décorrélation des activités qui composent le processus.

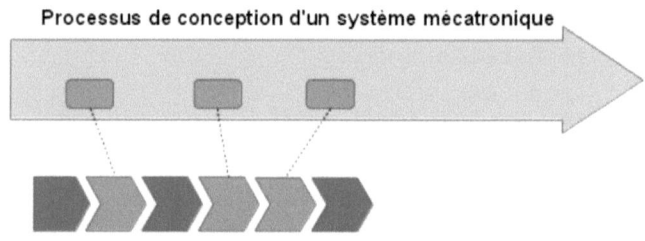

FIGURE 5.1 – Processus de conception et processus d'intégration

5.1.1 Quel usage de SysML

En fait, dans notre proposition, l'utilisation de SysML permet de bénéficier de la "méthodologie" de SysML tout en gardant l'objectif de faciliter le niveau d'intégration dans le PLM. Dans notre cas, SysML est utilisé pour initier la conception du système mécatronique et pour simplifier la "conception du système d'information" (pour un système PLM, on assimile la conception du SI à la conception et l'intégration des modèles métier). Ainsi donc, SysML enrichit l'étude globale de l'intégration des données dans le système PLM en prenant en compte les aspects "fonctionnels, structurels et comportementaux" qui sont essentiels pour une intégration la plus consistante possible.

Notre base méthodologique s'appuie donc sur les diagrammes SysML, ceci afin de décomposer les systèmes mécatroniques et de construire le modèle de produit qui sera, par la suite, dans la base de données PLM. Les étapes de cette construction sont les suivantes :

— La première étape consiste à définir les exigences du système en utilisant les spécifications du client. L'objectif de cette étape est de représenter les exigences du système sous forme de contraintes afin d'en déduire les représentations fonctionnelles (respectivement structurelles) du système sous forme d'arborescence de fonctions (respectivement de nomenclature). Le diagramme d'exigence SysML est par la suite utilisé pour valider les structures du produit.

— La deuxième étape est l'étude fonctionnelle du système. L'étude fonctionnelle sert à caractériser le système selon les exigences du client et elle permettra, par la suite, d'identifier plus facilement les composants physiques du système. Elle est constituée à partir des diagrammes de cas ou de bloc SysML.

— La troisième étape est l'étude structurelle du système. La décomposition en sous systèmes et en composants élémentaires peut être réalisée avec les diagrammes de block SysML. Les flux et les contraintes entre les composants sont identifiés par le diagramme de block interne de SysML permettant ainsi d'identifier toutes sortes de contraintes qui influent sur la conception.

— La dernière étape est l'étude comportementale du système. Cette étude permet de définir le cycle de vie des données techniques intégrées dans le PLM (les assemblages, les sous assemblages, les composants, les documents techniques...) et ainsi que les processus de développement de chaque élément. Elle est réalisé à partir des diagrammes de sequence, d'activités et d'état

Ces différentes étapes sont détaillées dans la section suivante (cf sec. 5.2)

5.1.2 Présentation de la démarche globale

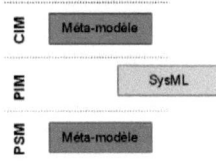

FIGURE 5.2 – Positionnement de SysML

La démarche globale que nous proposons, ne se résume pas à l'utilisation de SysML, mais elle intègre l'utilisation de SysML et les méta-modèles du chapitre précédent. En effet, SysML est utilisé pour concevoir et identifier des modèles métier. Dans un contexte MDA, les méta-modèles sont utilisés sur les niveaux CIM et PSM alors que SysML est utilisé sur le niveau PIM (fig. 5.2).

Au vu de ces éléments, la méthodologie proposée peut être décomposée en trois phases (fig. 5.3) :

l'identification : Cette phase permet d'identifier et de construire les modèles métier du système mécatronique à l'aide des diagrammes SysML. Comme indiqué dans la section précédente (cf sec. 5.1.1) elle se décompose en 4 étapes principales et s'appuie sur les diagrammes SysML

la complétion : Cette phase complète les diagrammes avec les éléments du méta-modèle du chapitre précédent (cf chapitre 4) et produit des diagrammes enrichis. L'utilisation de SysML avec en complément le typage par le méta-modèle, permet de représenter et d'illustrer tous les composants, les interactions entre les composants, les composants non-logiciels (mécanique, hydraulique, capteurs ...), les équations physiques, le flux continu (matière, énergie ...) et finalement, il permet de prendre en compte une partie de la nature multidisciplinaire des systèmes mécatroniques. De plus, cette complétion est nécessaire pour la phase de transformation.

la transformation : Cette phase transforme les différents modèles métier de la phase précédente en modèles de classe instanciables dans un PLM donné grâce à des règles de transformation entre les méta-modèles.

Dans les sections suivantes nous présentons le détail des trois principales phases.

5.2 Modélisation pour l'intégration des systèmes mécatroniques dans le PLM avec SysML

5.2.1 Exigences et étude fonctionnelle

Modélisation des exigences

Les difficultés pour respecter les délais de conception et de fabrication sont dues, dans la plupart des cas, au non respect d'une ou de plusieurs exigences qui ont été définies au début du développement de projet dans le cahier des charges [D+03]. L'intérêt de SysML est qu'il permet de présenter les exigences d'un système sous forme d'un modèle en donnant les moyens de vérifier l'applicabilité de chacune d'entre elles. Le diagramme des exigences capture les hiérarchies d'exigences, ainsi que

5.2. Modélisation pour l'intégration des systèmes mécatroniques dans le PLM avec SysML

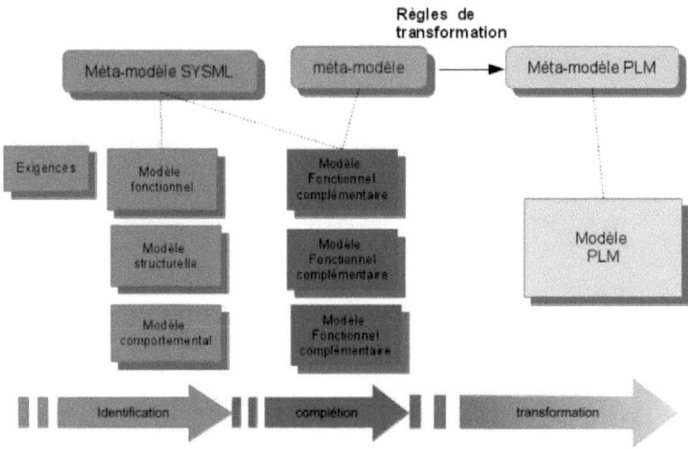

FIGURE 5.3 – Démarche méthodologique globale

leurs relations de dérivation, de raffinement, de satisfaction et de vérification. Ces relations fournissent la capacité de relier les exigences les unes aux autres, ainsi qu'aux éléments de conception et aux cas de tests [Roq09].

De plus, il existe des méthodes d'analyse d'exigences (Ingénierie des Exigences - IE) qui considèrent, comme principal indicateur du succès d'un projet logiciel, le niveau d'adéquation entre les exigences identifiées et les besoins réels ayant motivés le projet [NE00]. Comme toute ingénierie, l'IE s'appuie sur la définition d'un processus (processus d'ingénierie des exigences) systématisant la production d'un produit réalisé (spécification des exigences) à partir d'un produit initial (spécification des besoins) par modélisations et raffinements successifs [Bro09]. L'étude d'exigence présente le point de départ de la création d'un produit. Elle permet d'examiner et d'analyser les impacts opérationnels, fonctionnels et environnementaux [Jar10] afin de les respecter tout au long du cycle de vie.

Etude fonctionnelle

Selon Van Beek [VBT08] un modèle fonctionnel montre comment l'objectif général d'un système est atteint par la réalisation des sous-objectifs via les sous fonctions dans le système. Il existe plusieurs outils utilisables pour réaliser une étude fonctionnelle. La figure suivante (fig. 5.4) représente deux méthodes de modélisation fonctionnelle assez connues et assez utilisées (la "bête à corne" et la méthode ATPE (Application des Techniques Pour l'Entreprise) ou diagramme pieuvre)

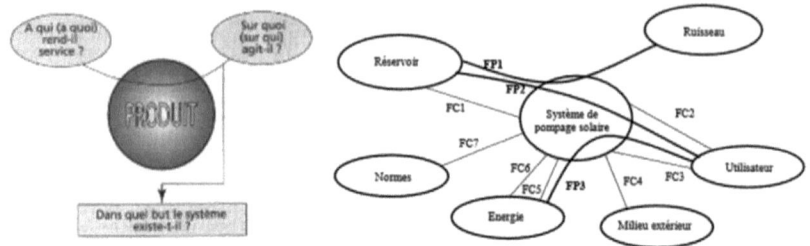

FIGURE 5.4 – Bête à corne et diagramme pieuvre pour l'étude fonctionnelle

Un système peut être présenté comme un ensemble de fonctions et de contraintes. Le diagramme fonctionnel permet de présenter les contraintes imposées par le système et son environnement extérieur sous forme de fonctions principales composées de plusieurs sous-fonctions. Cependant, cette décomposition ne se produit pas de manière aléatoire, Giannini et al [GMB+02] proposent une méthode de décomposition fonctionnelle qui permet de faciliter la collaboration dans le développement de produits. Cette méthode est basée sur la décomposition du système global en plusieurs pièces ou des sous-ensembles qui peuvent être conçus séparément. En effet, l'objectif principal de cette décomposition est de minimiser les contraintes entre les domaines métier. Enfin, cette nomenclature fonctionnelle est intégrée dans le système PLM pour qu'elle soit respectée tout au long du cycle de vie du produit.

Migration de l'étude d'exigence à l'étude fonctionnelle

Le but de cette étude est d'insister sur les exigences du système pour les respecter tout au long du cycle de vie du produit. Ces exigences sont ensuite transformées en fonctions pour déduire la représentation fonctionnelle du système car la modélisation fonctionnelle d'un système est dérivée de l'étude des besoins et les spécifications du client. Il existe plusieurs outils pour représenter les exigences d'un système, la figure suivante le montre sur l'exemple simple d'un vérin pneumatique. La partie à gauche relève l'ensemble des exigences du système. Ces fonctions peuvent être traduites en fonctions comme le montre cette figure (fig. 5.5)

5.2.2 Etude structurelle

L'étude structurelle décrit l'ensemble du système composé de plusieurs instances de composants. Ces derniers, peuvent être distribués, interconnectés les uns avec les autres, et peuvent aussi échanger des messages via la communication [BHT05]. Pour intégrer avec succès les données d'un

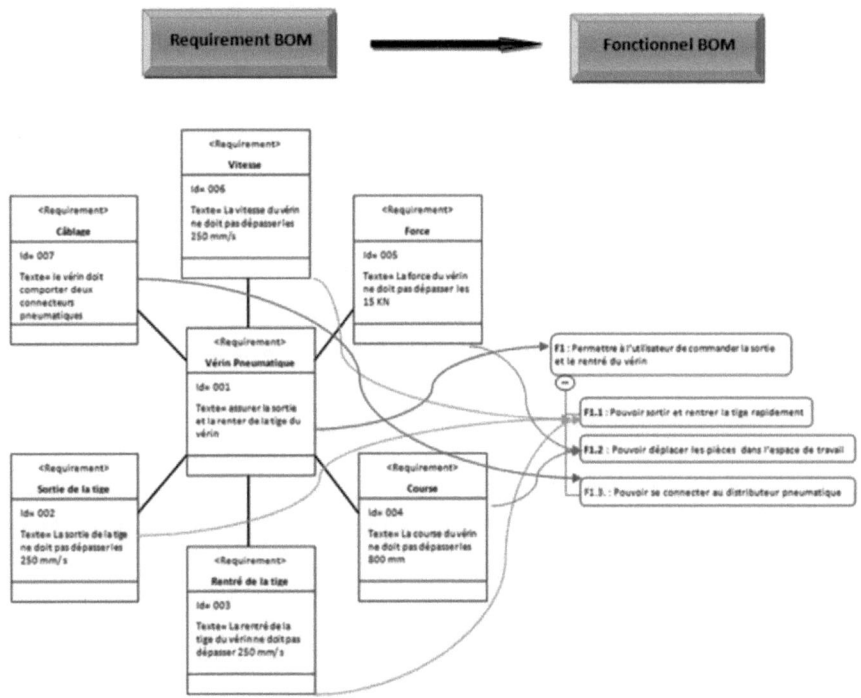

FIGURE 5.5 – Migration de l'étude d'exigence à l'étude fonctionnelle

produit mécatronique dans le PLM, il est recommandé de réaliser une modélisation structurelle des systèmes mécatroniques et une modélisation structurelle des systèmes PLM, en utilisant les diagrammes de bloc et de bloc interne de SysML. En fait, le bloc est l'unité de base de la structure en SysML et peut être utilisé pour représenter matériel, logiciel, installation, personnel, ou tout autre élément du système. La structure du système est représentée par des diagrammes de définition de blocs et les diagrammes de bloc internes [OMG12b].

Modélisation structurelle des systèmes mécatroniques

Structurellement, un système mécatronique est un assemblage d'un ou plusieurs sous-systèmes mécatroniques et de composants multi-métiers qui sont en interaction. En principe, toutes les approches actuelles de modélisation des systèmes mécatroniques sont basées sur une représentation de sous-systèmes interconnectés sous forme de réseau. Cette représentation des modèles des systèmes mécatroniques est confirmée par plusieurs auteurs. Fujita [Fuj02] et Janitza [JLM+03] ont proposé une représentation de la structure du produit par la même approche : la décomposition du produit en plusieurs sous-systèmes interconnectés. Cette approche, connue aussi par l'approche système ou encore l'approche mécatronique, est utilisée généralement lorsqu'il s'agit d'un système complexe, l'objectif est de réduire la complexité et rendre le système compréhensible. Il attire l'attention sur l'ensemble, ainsi que sur les relations complexes entre ses parties constituantes [LK98]. La seule façon de développer ce type de système complexe est de le diviser en plusieurs sous-systèmes et composants afin de faciliter l'étude du système globale [APN12].

— La première étape de notre démarche est de décomposer notre système en plusieurs sous-systèmes mécatroniques et de maintenir les liens entre eux. Cette décomposition doit être conforme aux modèles représentés dans le chapitre précédent. En effet, un sous système d'un système mécatronique peux être un sous-système mécatronique et dans ce cas il est représenté par un domaine métier qui est aussi instanciable mais il peut aussi constituer un objet métier dans le cas où le sous système comporte un seul domaine métier. La décomposition structurelle du système est basée sur la décomposition fonctionnelle décrite dans le paragraphe précédent. La structure physique du produit est représentée par un ensemble de sous-systèmes mécatroniques fournissant un ensemble de sous-fonctions, conformément à la structure fonctionnelle du système.

— La deuxième étape consiste à décomposer chaque sous-système en plusieurs composants métier en fonction des domaines d'expertise technique (mécanique, électronique, hydraulique, etc), cette déconstruction doit être faite tout en gardant la communication et l'échange de données entre chaque domaine (fig. 5.6) et suivant le modèle présenté dans le chapitre précédent. Bien évidement, ces composants ne sont pas instanciables et ils sont représentés par des objets métier dans le méta modèle global.

— L'étape finale consiste à représenter tous ces éléments physiques dans le diagramme de bloc de SysML suivant une architecture bien définie dans le méta-modèle. Le diagramme de bloc SysML est ensuite à intégrer dans le PLM. Les liens entre les éléments structurels sont représentés avec le diagramme de bloc interne de SysML et sont aussi implémentés dans le système PLM suivant le modèle de données.

L'objectif de cette étude est aussi de représenter les dépendances dans le système. Ces dépendances sont très utiles pour le développement de processus et la synchronisation des données des différents métiers au cours de la phase de conception, en proposant un environnement collaboratif basé sur l'ingénierie des systèmes. Le diagramme de bloc interne peut la compléter en montrant le flux circulant entre les sous-systèmes, des composants et l'environnement externe. En fait, le dia-

5.2. Modélisation pour l'intégration des systèmes mécatroniques dans le PLM avec SysML

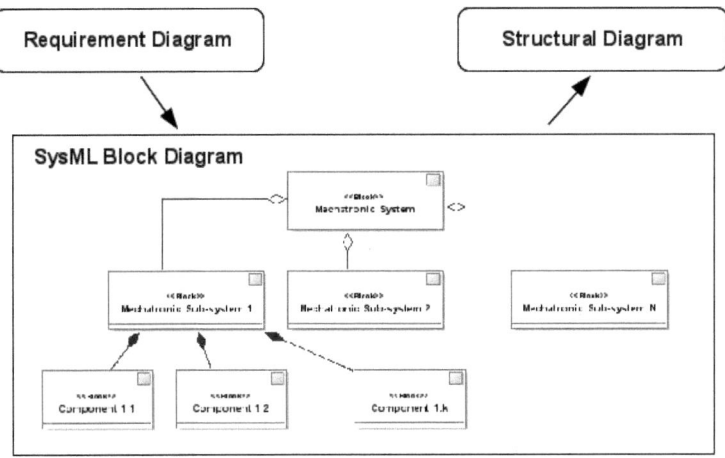

FIGURE 5.6 – Diagramme de bloc pour un système mécatronique

gramme de bloc interne décrit la structure interne du système, il utilise différents blocs représentés sur le diagramme et les enrichit avec des connecteurs utilisés pour relier les deux parties et leur donner l'occasion d'interagir. Cependant, le diagramme de bloc interne peut représenter tout type de contraintes entre les blocs : en effet, les contraintes sont les relations entre les éléments géométriques dans les modèles de CAO ; ils peuvent être classés, et représentés (bidirectionnelle) sur le modèle dans le but de fournir une rétroaction automatisée pour les concepteurs de ces deux domaines d'ingénierie [CBPS09]. Les contraintes peuvent également être représentées graphiquement dans le diagramme paramétrique SysML quand il s'agit d'une équation et de relations mathématiques. Les contraintes représentent d'une part l'aspect dynamique du système et montrent les relations entre les différentes composantes, et d'autre part, elles définissent des scénarios entre les concepteurs de développement de produits. Ces scénarios représentent le processus de conception du système.

La figure suivante (fig. 5.7) montre le diagramme de bloc interne d'un système mécatronique :

5.2.3 Etude comportementale

Contexte

Les aspects fonctionnels et structurels ne sont pas suffisants. Il est nécessaire de compléter le modèle par les aspects comportementaux. L'objectif est de prendre en considération les états du cycle de vie en fonction des différents domaines d'activité (mécanique, électronique ...). Dans cette partie, nous commençons l'étude de l'aspect comportemental avec une définition de la notion de

68 *Chapitre 5. Proposition d'une approche d'intégration des systèmes mécatroniques dans le PLM*

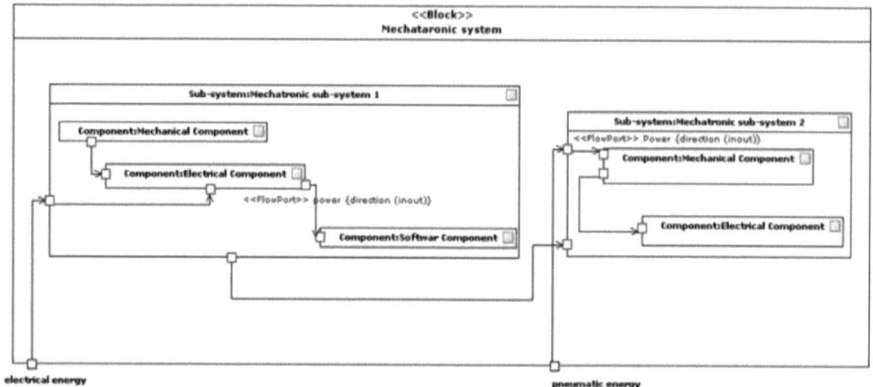

FIGURE 5.7 – Diagramme de bloc interne pour un système mécatronique

cycle de vie, après nous nous intéressons à la modélisation du cycle de vie du produit mécatronique dans les systèmes PLM à l'aide de diagrammes de comportement de SysML.

La modélisation du cycle de vie du produit mécatronique dans les systèmes PLM

Dans le processus de développement des produits, les différents états caractérisent le cycle de vie. Ainsi, le cycle de vie permet donc de représenter un produit et ses composants à différents stades de son évolution depuis sa conception jusqu'à son recyclage ou sa destruction. Un des problèmes est de caractériser ce cycle de vie quel que soit le niveau de granularité d'étude. Il est donc nécessaire de proposer une approche différente du cycle de vie suivant cette granularité :

— A un niveau global, le cycle de vie d'un produit est caractérisé par les principales phases associées au développement des produits : Début de vie, Milieu de vie et Fin de vie. Dans ce cadre, ces trois phases intègrent les principales étapes de développement (conception, industrialisation, production, distribution, maintenance, recyclage, ..) [JKX07].

— A un niveau de granularité plus précis, le cycle de vie peut être aussi caractérisé par les étapes associées à des méthodologies spécifiques ; par exemple dans le cadre d'une conception avec un cycle en V. A ce niveau les états du cycle de vie sont en correspondance avec les principales étapes d'un processus métier (analyse fonctionnelle, analyse structurelle, prototypage, test et validation)

— Au niveau des composants, le cycle de vie peut être caractérisé par les états des composants gérés par les processus métier. Dans le cadre des systèmes de gestion de cycle de vie de produit (PLM), un objet technique intégré dans la base, est associé obligatoirement à un cycle de vie.

— Dans une représentation globale on peut considérer que le cycle de vie est l'union de l'ensemble des cycles de vie identifiés par granularité.

Dans le but de construire une démarche de développement collaborative du produit, l'étude comportementale est représentée par trois types de diagrammes (diagramme d'activité, diagramme de séquence, diagramme d'état) définis par le langage SysML. Le cycle de vie des produits dans le PLM est défini par l'état de maturité de chaque objet technique associé à la structure globale du système mécatronique d'où l'intérêt de l'étude structurelle. Cependant, on peut déduire le cycle de vie du système global en étudiant le cycle de vie des différents sous-systèmes, de la même manière que le cycle de vie d'un sous-système est déduit du cycle de vie des différents composants associés et des sous-systèmes agissant sur le sous-système étudié. Dans le processus de développement des produits, les différents états caractérisent le cycle de vie. Ainsi, le cycle de vie permet donc de représenter un produit et ses composants à différents stades de son évolution depuis sa conception jusqu'à son recyclage ou sa destruction. Dans les solutions PLM, tous les objets techniques intégrés dans la base de données sont nécessairement associés à un cycle de vie. Cette association permet de spécifier l'état de maturité de chaque donnée intégrée dans la base de données. Le cycle de vie des produits dans les systèmes PLM est défini par l'état de maturité de l'ensemble des objets techniques liés au système mécatronique global, d'où l'importance de l'étude de la structure. Cependant, le cycle de vie du système global peut être déduit par une étude du cycle de vie des différents sous-systèmes associés. De la même façon, le cycle de vie d'un sous-système peut également être déduit en examinant le cycle de vie des différents composants sous-systèmes associés. Au cours de la phase de conception, les ingénieurs électriques, mécaniques et logiciels se concentrent sur le développement des différents composants métier. Le développement peut être réalisé en utilisant le cycle en V. Le développement de chaque composant doit respecter les contraintes (électrique, mécanique et logiciel) imposées par les concepteurs (fig. 5.8).

— R1 : Un sous-système (X) ne peut être validé que si tous les composants formant ce sous-système sont validés et tous les sous-systèmes impactant le sous-système (X) sont également validés.

— R2 : Le système mécatronique est validé si et seulement si tous les sous-systèmes formant le système mécatronique sont validés.

Dans les systèmes PLM, les processus (workflows) s'appuient essentiellement sur les cycles de vie qui correspondent à l'ensemble des phases distinctes par lesquelles passe chaque produit [CIM03] afin d'automatiser les tâches dans l'entreprise et pour permettre plus d'échange et de collaboration

70 Chapitre 5. Proposition d'une approche d'intégration des systèmes mécatroniques dans le PLM

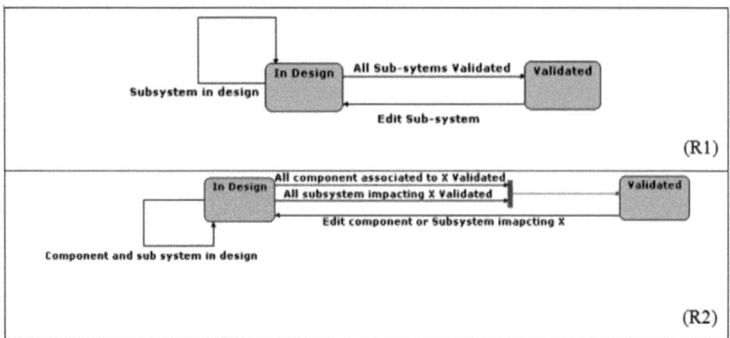

FIGURE 5.8 – Diagramme d'état : validation d'un système ou d'un ou sous-système mécatronique dans le PLM

entre les acteurs. Un processus est défini comme un ensemble d'activités structurées qui abouti à un produit déterminé pour un client spécifique [SAZ08]. Dans le cadre d'un système mécatronique, les processus jouent un rôle primordial dans le développement du produit car une combinaison des différentes technologies ne peut être optimale que si une réelle communication entre les différents spécialistes et si l'interconnexion des différentes disciplines est prise en compte dès le processus de conception [Leb03].

De l'autre côté, les concepteurs mécanique, électrique et logiciel ont des processus et des méthodes de conception très différentes. Le cycle de vie et le temps de développement de chaque domaine sont différents. Les processus de développement permettant de synchroniser les différentes technologies semblent trop compliqués. Cependant, avec les capacités logiciel des systèmes PLM, il est tout à fait possible de maintenir une bonne synchronisation entre les différentes données d'un système mécatronique. En fait, un processus [SRAZ07] est défini comme un ensemble d'activités structurées qui résulte en un produit déterminé pour un client spécifique. Dans les systèmes PLM, les processus (workflows) s'appuient essentiellement sur les cycles de vie qui correspondent à l'ensemble des phases distinctes par lesquelles passe chaque produit [CIM03] afin d'automatiser les tâches dans l'entreprise et pour permettre plus d'échange et de collaboration entre les acteurs. Dans le cadre de l'étude du système mécatronique, les processus jouent un rôle primordial dans le développement de produits. En se basant sur la définition du processus, la meilleure façon de modéliser un processus est l'utilisation des diagrammes d'activités SysML. Le but de cette modélisation est de créer une séquence ou un scénario permettant de lier les différents concepteurs et permettant de prendre en considération toutes les contraintes dès le début de la conception, car la combinaison des différentes technologies ne peut être optimale que si il y a une réelle communication entre les différents spécialistes et si l'interconnexion des différentes disciplines est considérée comme un processus de conception [Leb03].

5.2.4 Complétion des modèles métiers

Les différents modèles métier, basés sur les diagrammes SysML, sont utilisés pour décrire un système dans le détail. Dans notre cas, il est aussi nécessaire d'identifier les interactions et les dépendances entre des composants de domaines différents sans pour autant les modéliser dans le détail. Le rôle du méta-modèle est de permettre cette identification en complétant les diagrammes SysML par des concepts différents. De plus, le méta-modèle est utilisé pour les transformations vers le PLM (cf sec. 5.3).

On peut assimiler la liaison entre le méta-modèle du chapitre précédent et SysML à la notion d'héritage multiple. En effet, SysML est une extension d'UML par les stéréotypes, tout comme le méta-modèle proposé. Les éléments manipulés sur les diagrammes sont donc à la fois des concepts SysML et des éléments de notre méta-modèle (fig. 5.9)

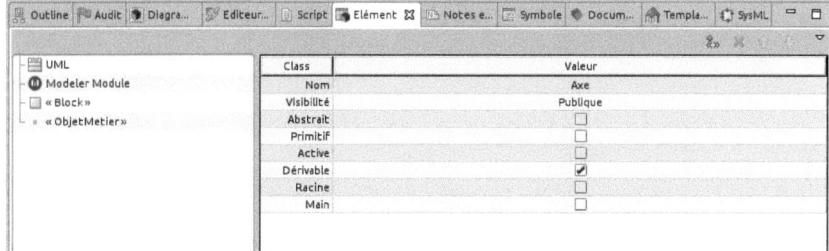

FIGURE 5.9 – Exemple d'utilisation des stéréotypes dans Modelio^{TM}

La phase de complétion est donc constituée de deux étapes :
— la première étape consiste à ajouter les stéréotypes de notre méta-modèle aux différents diagrammes SysML.
— la deuxième étape consiste à définir de nouveaux diagrammes qui vont caractériser les interactions et les dépendances entre les différents domaines métier. Il est à noter qu'il n'est pas réaliste de chercher à modéliser dans le détails ces dépendances. La démarche est plutôt proche d'un typage. L'intérêt est que ce typage pourra être utilisé dans un processus de gestion de modification dans le PLM.

Les exemples suivants montrent des illustrations de ces deux étapes : La première figure (fig. 5.10) montre un diagramme de bloc de composants logiciels identifiés comme des "objets métier".

72   Chapitre 5. Proposition d'une approche d'intégration des systèmes mécatroniques dans le PLM

La seconde figure (fig. 5.12) montre un diagramme d'état du bloc principal ("PGM_ PLC") ou les états sont identifiés comme des "CycledeVie".

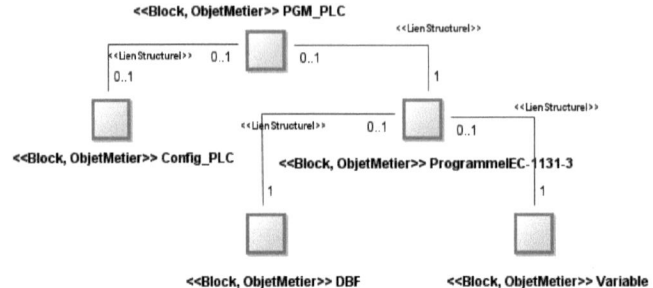

FIGURE 5.10 – Un exemple de diagramme de bloc enrichi

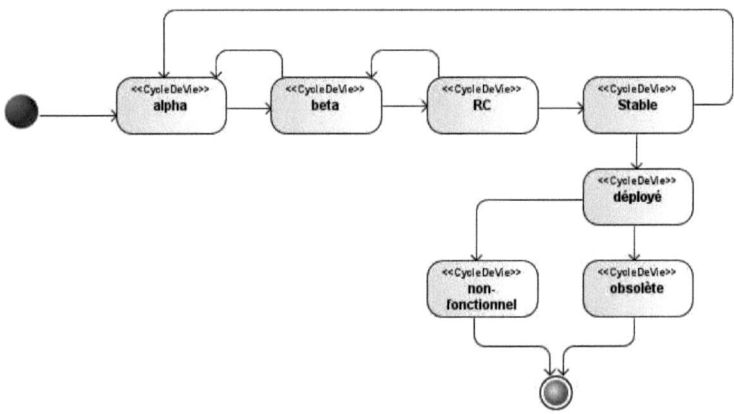

FIGURE 5.11 – Un exemple de diagramme d'état enrichi

Dans cette dernière figure (fig. 5.12), nous illustrons un diagramme supplémentaire montrant une dépendance entre deux domaines métier.

Cette étape de complétion est très importante car elle est indispensable à la mise en œuvre d'une transformation vers un modèle du niveau PSM au sein d'un système PLM donné. A ce niveau, la majorité des concepts a été identifiée et il s'agit donc, pour le concepteur, de choisir le stéréotype du méta-modèle le plus adéquat. Les identifications restantes ne concernent que les liens de dépendance entre domaines et la typologie de cette dépendance. Finalement, à la fin de cette

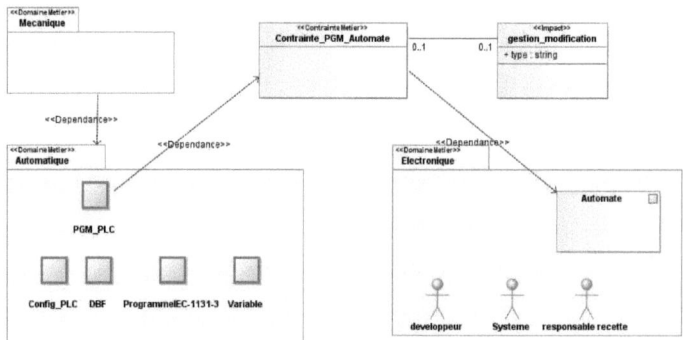

FIGURE 5.12 – Un exemple d'interaction entre domaines

complétion de modèle, le concepteur dispose de modèles métiers enrichis du système mécatronique. Ces modèles ont vocation à être intégrés dans le PLM, comme cela va être présenté à la section suivante.

5.3 Démarche d'intégration dans les systèmes PLM

La démarche de modélisation à partir de SysML n'est qu'une phase de la démarche globale d'intégration que nous proposons. En amont, il convient de définir les règles de transformation entre les méta-modèles. Comme l'indique la figure suivante (fig. 5.13), les modèles complétés doivent être transformés en modèles instanciables dans un système PLM grâce aux règles de transformation entre méta-modèles.

Comme nous l'avons indiqué précédemment, le rôle de la structure du produit dans le PLM est de gérer tous les produits liés à des objets et leurs connexions structurelles [ES01]. La structure complète d'un produit est donc implicitement construite à partir des différents types d'objets définis dans les systèmes PLM. Les types d'objets, sont génériques et instanciables pour pouvoir supporter tout type de produit quel que soit le domaine d'utilisation. Cette remarque est importante et est conforme à notre explication du chapitre. Pour autant, il n'existe pas de méta-modèle générique et exhaustif des PLM, cela n'est d'ailleurs pas nécessaire.

En effet, la bijection entre les méta-modèles n'est pas nécessaire, De plus, nous faisons l'hypothèse que pour un système PLM donné, les usages des utilisateurs permettront de s'approprier les éléments du système mécatronique avec les concepts du PLM même si ceux-ci ne sont pas "idéalement" modélisés. A titre d'exemple, la représentation du concept de fonction et de représentation

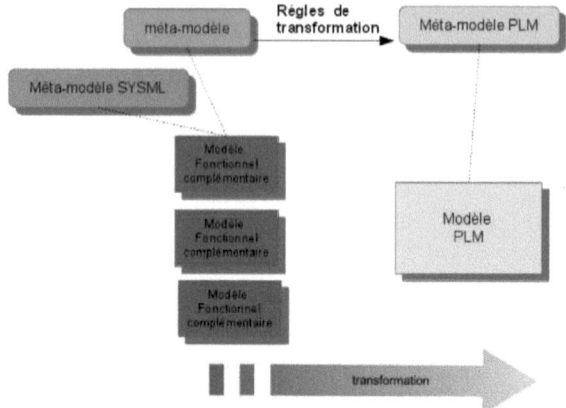

FIGURE 5.13 – Extrait de la démarche globlale

fonctionnelle n'est pas présente dans de nombreux systèmes PLM. Pour autant, il est tout à fait acceptable de représenter les *fonctions* avec un *article* et une *nomenclature*, pour peu que l'utilisateur distingue l'article physique de l'article virtuel représentant cette fonction. Cette distinction peut alors être faite en ajoutant un type spécifique à l'article.

Finalement, notre proposition de méta-modèle des systèmes mécatroniques est utilisée pour définir les règles de transformation (non-bijectives) vers un "méta-modèle PLM" donné (fig. 5.13). Le terme "méta-modèle PLM" est à prendre au sens large car il n'est pas toujours possible de le construire (suivant le système PLM). D'ailleurs, afin d'illustrer ce principe, il suffit d'identifier quelques concepts suffisamment génériques pour définir des règles de transformation.

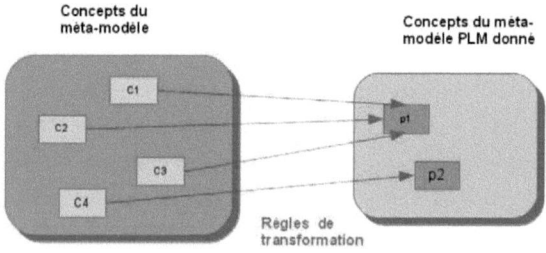

FIGURE 5.14 – Extrait de la démarche globlale

Par exemple, nous pouvons identifier quelques concepts présents dans la majorité des systèmes

PLM :
- L'article est un élément central et le principal outil de gestion dans un système PLM. Il peut soit être un composant ou un assemblage de composants dans les différents domaines techniques. Associé à d'autres articles sous la forme d'une nomenclature d'article, il permet de créer la structure produit. La structure d'article est l'épine dorsale des efforts de gestion d'un produit.
- Un document CAO n'est intégrable qu'au travers d'un logiciel de CAO, il contient les données CAO (modèles 3D, assemblages, drawings, composants électriques) mais peut aussi contenir des données secondaires (exemple : représentations IGES ou STEP, données de calcul, etc.).
- Un document standard, permet de décrire un document CAO ou un article, auquel il est possible de joindre des fichiers portant de l'information tels que des fichiers MS Office (Word, Excel, Powerpoint) ou des images.

Pour concrétiser ces concepts dans un "meta-modele PLM" dans le système Windchill, nous pouvons distinguer ces trois types d'objets techniques(fig. 5.15). Ces objets techniques suivent le modèle structurel défini précédemment :

- WTPart : article au sens générique.
- WTEPMDOC : documents CAO au sens générique.
- WTDOC : documents standards dans le sens générique.

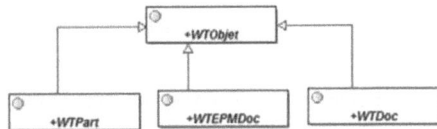

FIGURE 5.15 – Les objets techniques dans Windchill

La définition des règles de transformation va mettre en correspondance les concepts du méta-modèle (objet metier, domaine métier, dépence, ...) et les concepts du "meta-modele PLM Windchill".

Si nous prenons l'exemple d'un élément standard de type "Bloc". Deux cas de figure peuvent se présenter :

- Bloc, ObjetMetier ⟷ WTPart : indique que le type de bloc est directement considéré comme un WTPart
- Bloc, ObjetMetier ⟷ fils(WTPart) : indique que le type de bloc est une nouvelle classe héritée de WTPart

Au final, le type d'élément créé en phase de modélisation doit être "mappé" de façon à correspondre à un élément du méta-modèle Windchill.

5.4 Conclusion

Dans ce chapitre, nous proposons une approche nouvelle pour l'intégration d'un système mécatronique au sein d'un système PLM. Notre approche est différente car elle est globale et générique.

L'utilisation de SysML est proposée pour identifier et modéliser les éléments constitutifs d'un système mécatronique. Les différentes étapes (exigence, fonction, structure, comportement) permettent de définir un ensemble de diagrammes caractérisant l'ensemble d'un système mécatronique et constituant ainsi un ensemble de modèles métier.

En complément, la définition d'un méta-modèle permet de garantir une conformité globale des modèles métier sans effet de substitution. En effet, la conformité se positionne sur un niveau d'abstraction suffisamment global pour ne pas se substituer à la complexité de chaque domaine. De plus cela permet de faire le lien entre les différents domaines sans caractériser de façon complexe ce lien. Les liens inter-domaines sont moins précis mais plus robuste ce qui facilite l'intégration car cela permet de considérer le produit mécatronique dans sa globalité en laissant la complexité des modèles au niveau de chaque domaine métier.

Concernant la généricité, la démarche proposée est une démarche MDE et très proche de MDA. En effet, avec MDA, le découpage par niveau proposé identifie le CIM comme un niveau totalement indépendant des plates-formes. Nous avons la conviction qu'il est plus pertinent de faire apparaître un niveau « métier SI ». En revanche le principe de transformation de modèle est tout à fait conforme à MDA en considérant le PSM comme le niveau d'exécution dans le PLM. Les validations qui ont été faites avec le système Windchill peuvent tout à fait être réalisées avec un autre système PLM.

Chapitre 6

Application industrielle : Application à un système mécatronique de type robot3D

Sommaire

6.1	**Introduction**		**77**
6.2	**Modélisation de l'intégration avec SysML**		**79**
	6.2.1	Etude des exigences	79
	6.2.2	Modélisation structurelle du robot	80
	6.2.3	Modélisation comportementale	83
	6.2.4	Complément des modèles	85
6.3	**Les outils d'intégration dans le PLM Windchill**		**86**
	6.3.1	Architecture d'intégration	86
	6.3.2	Intégration dans Windchill en utilisant RPC	87
	6.3.3	Intégration dans Windchill en utilisant les WebServices	88
6.4	**La structure du produit du robot 3D dans les systèmes PLM**		**91**
6.5	**Conclusion**		**93**

6.1 Introduction

Dans les deux chapitres précédents, nous avons présenté les modèles et la méthodologie pour intégrer des systèmes complexes au sein d'un système d'information de type PLM. Dans ce chapitre, nous aborderons donc la validation de notre travail en mettant en œuvre la démarche proposée jusqu'à son implantation dans le système PLM Windchill de PTC^{TM}.

Pour valider notre approche de modélisation, nous avons choisi un exemple de système mécatronique (fig. 6.1) qui est largement utilisé dans les systèmes automatisés de production (robot 3D, type Pick and Place, contrôlé par un automate programmable). Ce type de système intègre un ensemble de technologies diverses qui vont nous permettre de valider la démarche globale proposée dans la thèse.

FIGURE 6.1 – Exemple de robot 3 axes de type Pick and Place

Dans la suite du travail, plusieurs outils sont utilisés pour valider l'intégration des différents composants métier :
— Le PLM Windchill de PTC^{TM}
— La conception électrique : Creo Schematic, logiciel de PTC.
— La conception mécanique : Creo Parametric, logiciel de PTC.
— Le développement de logiciels : Unity Pro Schneider Electric^{TM}.

La démarche validation des propositions de la thèse est schématisée sur la figure suivante (fig. 6.2). Dans ce schéma, nous illustrons les différentes phases qui vont permettre d'intégrer ce robot dans le système Windchill. ainsi nous pouvons mettre en évidence trois phases :
— les deux premières phases (modélisation, transformation) sont directement issues des concepts

que nous avons proposés dans les deux chapitres précédents (méta-modèle et diagrammes SysML). Il s'agit ici de mettre en application les principales étapes de modélisation appliquées au robot 3D. Ainsi, à l'issue de cette phase de modélisation et de transformation, nous obtenons des modèles instanciables dans le PLM Windchill.
— la troisième phase détaille les outils d'intégration dans le système PLM. Dans notre cas, le système Windchill propose deux approches technologiques différentes (approche RPC ou WS). Nous avons utilisé les deux technologies afin d'instancier les modèles obtenus.

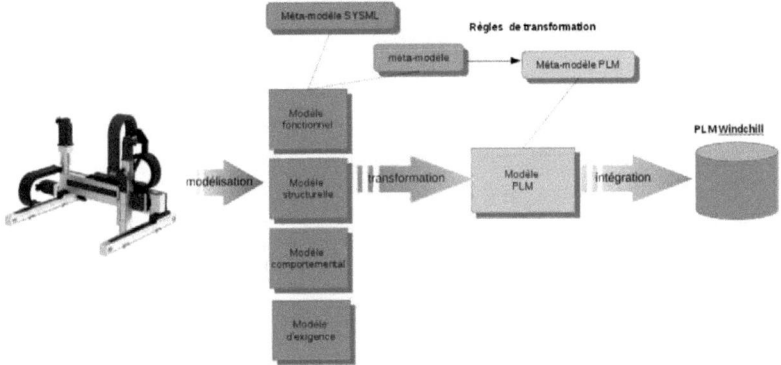

FIGURE 6.2 – Schéma de validation

6.2 Modélisation de l'intégration avec SysML

Dans cette section, nous présentons des extraits des principaux résultats de la modélisation du robot avec SysML et notre méta-modèle.

6.2.1 Etude des exigences

Le robot 3 axes permet de déplacer des objets en toute sécurité dans les différents points de l'espace de travail. Pour réaliser cette tâche le robot comporte trois axes de déplacement. Chaque axe est équipé d'un servo-variateur de capteurs de fin de course et d'actionneurs. L'axe Z est équipé d'un frein car il est sollicité par la force de la pesanteur. Pour réaliser le diagramme d'exigence il va falloir décomposer le système en plusieurs fonctions en minimisant les contraintes entre-elles. Pour cela, il est possible de traiter chaque axe indépendamment.

Ainsi, le diagramme d'exigence (fig. 6.3) peut être présenté de la manière suivante :

80   Chapitre 6. Application industrielle : Application à un système mécatronique de type robot3D

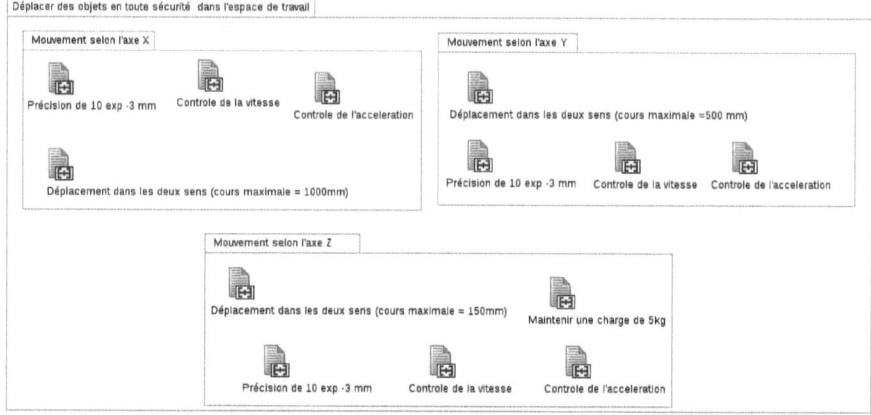

FIGURE 6.3 – Diagramme d'exigence du robot

Le diagramme d'exigence permet d'isoler les fonctions principales attendues et représentées par le diagramme suivant (fig. 6.4).

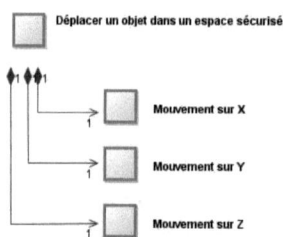

FIGURE 6.4 – Modèle fonctionnel du robot

6.2.2 Modélisation structurelle du robot

Les fonctions définies dans l'étude d'exigence sont mises en œuvre par un ensemble de composants physiques. Le modèle structurel s'appuie sur le diagramme d'exigence et sur le modèle fonctionnel, il permet de traduire chaque fonction où sous-fonction en un élément physique qui constitue soit un sous-système ou un composant du système mécatronique.

Le robot3D, en tant que système mécatronique. est caractérisé par des sous-systèmes différents. Sans détailler pour l'instant l'ensemble des sous-systèmes, nous pouvons identifier les principaux sous systèmes (fig. 6.5) qui constituent le robot 3D (vu en tant que système). Sur cette figure (fig. 6.5), les sous-systèmes sont indiqués avec les ports de communication et les liens de dépendances.

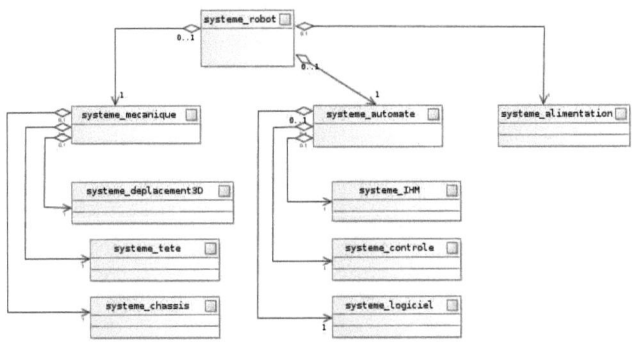

FIGURE 6.5 – Diagramme de bloc des sous-systèmes

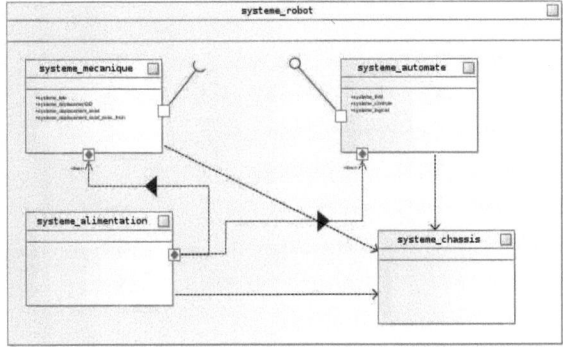

FIGURE 6.6 – Diagramme de bloc interne du système robot

Structurellement, le robot 3 axes peut être vu comme trois robots d'un axe géré par un automate programmable, avec des contraintes entre les trois robots. Le diagramme de bloc est représenté de la façon suivante (fig. 6.7) (fig. 6.8)

La suite de l'étude structurelle du robot est basée sur l'identification des relations entre les blocs pour définir les dépendances dans le système (les flux, les contraintes...). Pour cela, la réalisation du diagramme de bloc interne permet d'enrichir l'étude structurelle du robot. Ces liens sont ensuite intégrés dans le PLM pour les considérer dans le processus de développement. La figure suivante

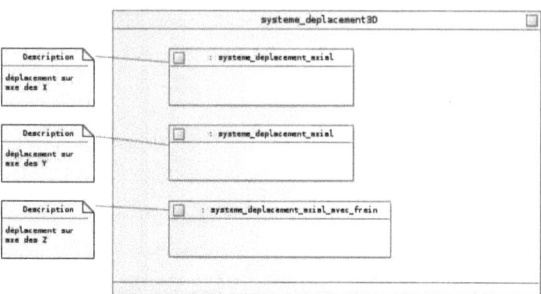

FIGURE 6.7 – Diagramme de bloc interne du système de déplacement

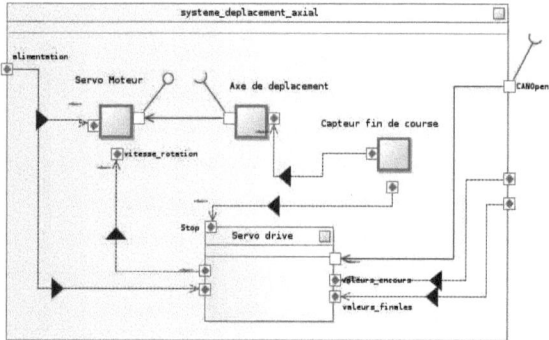

FIGURE 6.8 – Diagramme de bloc interne du système de déplacement axial

est un schéma simplifié des contraintes présentes dans un robot 3D.

En effet, l'étude suivante montre les échanges de données entre l'axe X du robot et l'automate programmable. Les deux autres axes se traitent exactement de la même façon. Le contrôleur envoie au servo-drive la position, la vitesse et l'accélération finales, cependant le servo-drive compare cette position avec sa position actuelle et envoie un ordre de mouvement au moteur dans un sens ou dans l'autre, ainsi qu'il envoie au contrôleur la position, la vitesse et l'accélération courantes. Le moteur agit sur l'axe de déplacement X qui fait un mouvement de translation jusqu'à la position finale. Si l'axe touche les capteurs de fin de course, celui-ci s'arrête automatiquement.

La figure suivante (fig. 6.9) décrit le système automate qui va permettre de contrôler le robot

6.2. Modélisation de l'intégration avec SysML   83

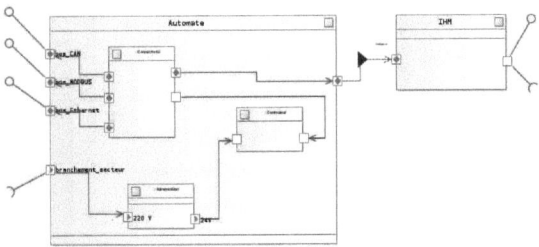

FIGURE 6.9 – Diagramme de bloc interne de l'automate

6.2.3 Modélisation comportementale

L'objet de cette modélisation comportementale est de caractériser le comportement, c'est à dire les aspects dynamiques, d'un ou plusieurs composants. Plusieurs diagrammes permettent de caractériser les aspects dynamiques (diagramme d'état, diagramme de séquence, diagramme d'activités, diagramme des cas d'utilisation)

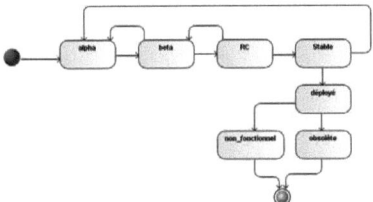

FIGURE 6.10 – Un exemple de diagramme d'état d'un composant logiciel

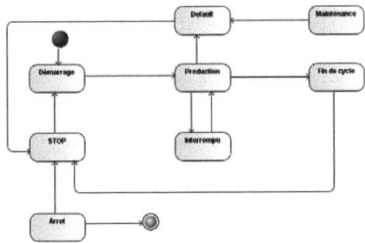

FIGURE 6.11 – Un exemple de diagramme d'état du robot

Dans l'exemple suivant (fig. 6.12), le diagramme décrit les différents modes d'usage du développement du composant "Automate". Ces cas font apparaître la nécessité de gérer des statuts sur le code ainsi que des statuts sur la déployabilité de ce code au sein d'un automate (indépendamment de sa structuration). La figure précédente (fig. 6.10) présente le diagramme d'état du bloc "PGM_ PLC" qui correspond au composant logiciel du composant "Automate". Les différents états mettent en évidence le cycle classique de développement (alpha, beta, release candidate, stable) et le cycle de déploiement du bloc "Automate" (déployé, obsolète, non_ fonctionnel). Autre exemple, la figure précédente (fig. 6.11) illustre les différents états du robot en fonctionnement. Le diagramme de séquence (fig. 6.13) décrit la séquence temporelle entre les différents composants.

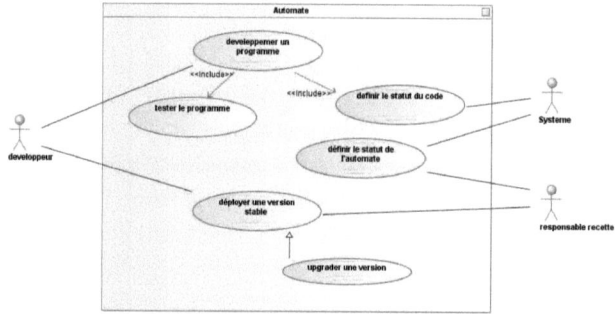

FIGURE 6.12 – Un exemple de diagramme de cas d'utilisation de l'automate

FIGURE 6.13 – Un exemple de diagramme de séquence du robot

6.2.4 Complément des modèles

Comme nous l'avons indiqué dans le chapitre précédent (cf sec. 5.2.4), les différents modèles métiers doivent être enrichis grâce aux concepts de notre méta-modèle. Ces concepts permettent de faciliter la phase d'intégration dans le PLM.

Dans une première étape, nous identifions les principaux domaines concernés, Le diagramme (fig. 6.14) suivant présente les différents domaines et les liens entre ces domaines.

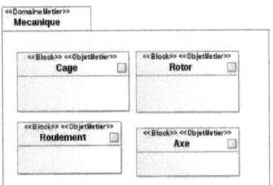

FIGURE 6.14 – Domaines métier

Dans la figure suivante (fig. 6.15), le diagramme de bloc décrit les concepts liés aux programmes automates. Les différents blocs (du domaine métier "Electrique") sont identifiés comme des objets métiers devant être gérés par le PLM avec leurs liens structurels.

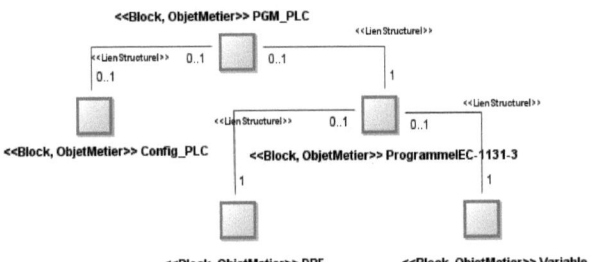

FIGURE 6.15 – Diagramme de bloc de l'automate

De même en repartant de la figure précédente (fig. 6.10), on obtient le nouveau diagramme (fig. 6.16). Il est à noter que l'ensemble des états (respectivement des blocs) ne sont pas forcement typés par des cycles de vie (respectivement des objets métier). Ainsi, à partir de la figure suivante (fig. 6.11), nous définissons ces états comme des annotations métier qui sont regroupées au sein d'une configuration. Cette configuration caractérise dans cet exemple (fig. 6.16), un élément de documentation qui sera intégré au PLM comme tel.

86 Chapitre 6. Application industrielle : Application à un système mécatronique de type robot3D

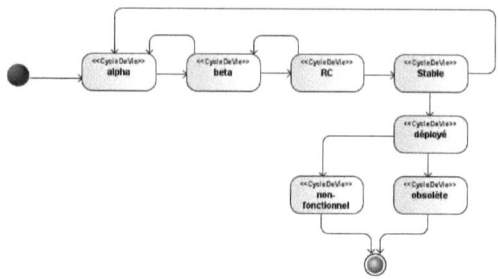

FIGURE 6.16 – Diagramme d'état de l'automate

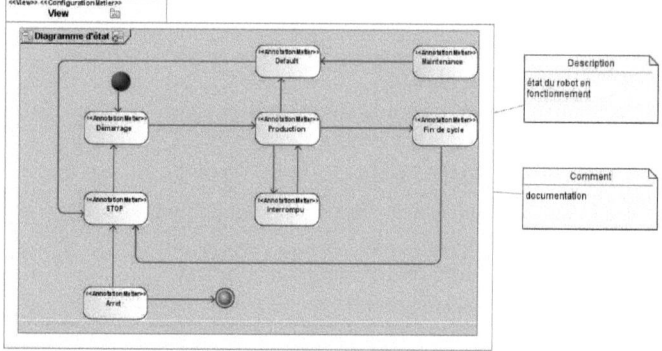

FIGURE 6.17 – Diagramme d'état du robot

Dans une seconde étape, nous présentons quelques éléments d'intégration supplémentaires concernant les interactions entre les différents domaines.

6.3 Les outils d'intégration dans le PLM Windchill

6.3.1 Architecture d'intégration

Tous les systèmes PLM sont suffisamment ouverts et flexibles pour réaliser des développements spécifiques. Dans notre cas, la possibilité d'étendre les fonctionnalités du PLM Windchill est possible grâce aux différents composants qui interagissent entre eux. Windchill est développé suivant une architecture n-tiers et basé sur la technologie J2EE. Cette architecture n-tiers offre [?] des avantages intéressants malgré sa complexité (favorise la réutilisation des développements, sépare les niveaux d'application, ...). Le schéma ci-dessous (fig. 6.18) illustre les composants du PLM Windchill qui forment l'architecture n-tiers :

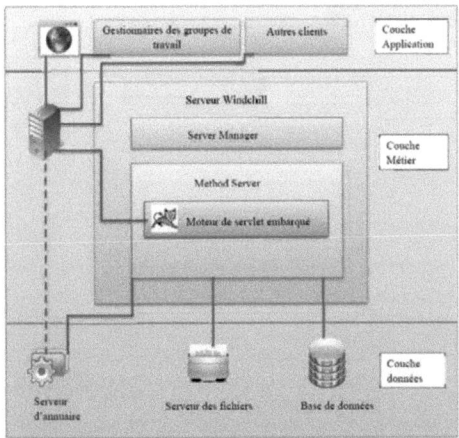

FIGURE 6.18 – Architecture logicielle de Windchill

le principal service de windwhill est le ServeurMethod. Cependant, il existe deux méthodes différentes d'intégration de données :
— La méthode d'intégration par RPC (Remote Procedure Call)
— Le méthode d'intégration par WS (WebService)
Dans la suite de cette étude, nous présentons les deux méthodes d'intégration de données et les caractéristiques de chaque méthode.

6.3.2 Intégration dans Windchill en utilisant RPC

L'intégration des données dans le PLM Windchill peut être réalisée (fig. 6.19) par appel de méthodes distant (méthode *LoadFromFile*). *LoadFromFile* est invoquée à travers une commande à exécuter sur le serveur. Elle est utilisée pour charger des objets et/ou créer des classes dans Windchill en utilisant des « loaders ». Les loaders appellent des méthodes qui permettent l'importation des fichiers dans le contexte (espace de travail) précis dans Windchill. Les loaders peuvent créer des classes d'objets, instancier ces objets et les rendre persistant dans la base de données.

L'utilisation de LoadFromFile proposée par PTC possède plusieurs avantages. Citons par exemple :
— facilité de mise en œuvre (aucun développement, simple appel de commandes)
— prise en compte de la plupart des types de classe et de lien de Windchill

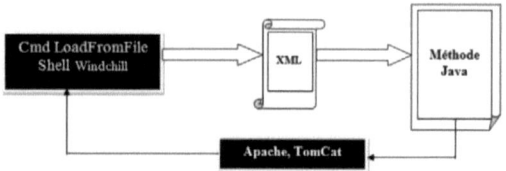

FIGURE 6.19 – Méthode d'intégration avec *LoadFromFile*

Toutefois, cette méthode possède les inconvénients suivants :
— la commande utilisée pour invoquer la méthode d'intégration ne peut être exécutée qu'avec un compte administrateur.
— cette méthode ne permet pas une gestion complète de tous les types données dans le PLM Windchill.
— il n'y a pas de la traçabilité sur les classes créées.

6.3.3 Intégration dans Windchill en utilisant les WebServices

Windchill propose un moteur d'exécution de WebService dénommé *Info*Engine*. L'intégration de Windchill avec d'autres applications d'entreprise nécessite l'utilisation d'API Java de bas niveau et d'adaptateurs applicatifs complexes (fig. 6.20). La prise en charge de nouveaux scénarios d'intégration impose donc souvent de développer de nouvelles API de bas niveau. Avec le moteur d'intégration *Info*Engine*, les concepteurs travaillent à un niveau d'abstraction plus élevé. Il n'y a plus besoin d'interagir directement avec l'application Windchill ou les API distantes. *Info*Engine* permet de prendre en charge de nouveaux scénarios d'intégration simplement en créant de nouvelles définitions de tâche XML.

Parmi les composants de Info*Engine, les *tâches info*engine* contrôlent la récupération et la manipulation de données. Les tâches info*engine sont constituées à partir :
— des webjects (balises de fonctions) qui permettent de récupérer et manipuler les données. .
— des tags ou balises info*engine qui gèrent l'exécution des webjects.
— des méthodes Java similaires à des déclarations JSP ou à des scriptlets JSP.

Il existe 3 manières d'exécuter les tâches :
— intégrer les tâches directement dans n'importe quelle application J2EE y compris des pages JSP et utilisant des balises info*engine.
— mettre les tâches dans un fichier texte et spécifier les tâches à exécuter via des balises info*engine.

FIGURE 6.20 – Interaction de Windchill avec les différents composants du système d'information

— mettre les tâches dans un fichier texte puis utiliser des délégations de tâches info*engine. Ainsi, elles peuvent être invoquées par les Dispatch-Tasks Webjects ou via des requêtes SOAP.

Info*Engine J2EE connector(fig. 6.21) est une implémentation de J2EE Connector Architecture (JCA version 1.0) qui est conçu pour fournir une implémentation standard des interactions entre des serveurs d'applications J2EE et les systèmes d'information d'entreprises (EIS). Info*engine J2EE connector communique avec info*engine en utilisant le protocole SOAP.

Les exemples ci-dessous décrivent quelques Webject réalisés pour l'instanciation des nouvelles classes spécifiques pour les systèmes mécatroniques

```
<ie:webject name="Create-Objects" type="ACT">
    <ie:param name="INSTANCE" data="${session[0]INSTANCE[0]}"/>
    <ie:param name="SESSION_ID" data="${session[0]SESSION_ID[0]}" />
    <ie:param name="GROUP_IN" data="input" />
    <ie:param name="CONTAINER_REFERENCE" data="${@FORM[]containerRef[]}" />
    <ie:param name="GROUP_OUT" data="holder" />
</ie:webject>
```

90 *Chapitre 6. Application industrielle : Application à un système mécatronique de type robot3D*

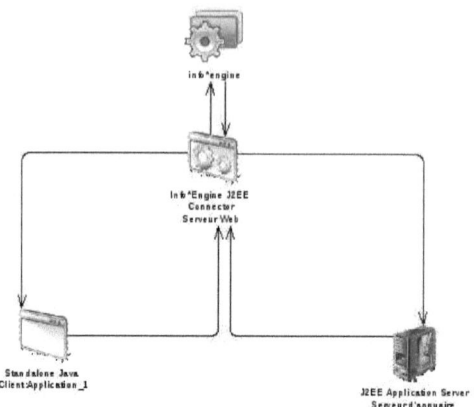

FIGURE 6.21 – Communication JCA-Info*Engine

<ie:webject name="Create−Links" type="ACT">
   <ie:param name="INSTANCE" data="${session[0]INSTANCE[0]}"/>
   <ie:param name="SESSION_ID" data="${session[0]SESSION_ID[0]}" />
   <ie:param name="TYPE" data="${input[]class[]}"/>
   <ie:param name="FROM_OBJECT_REF" data="${workingCopy[0]obid[]}"/>
   <ie:param name="TO_OBJECT_REF" data="${@FORM[]to[]}"/>
   <ie:param name="FIELD" data="${@FORM[]field[*]}" valueSeparator=";" delim=";" />
   <ie:param name="GROUP_OUT" data="${@FORM[]group_out[]}" **default**="output" />
</ie:webject>

<ie:webject name="List−ContentItems" type="OBJ">
   <ie:param name="INSTANCE" data="${@FORM[]supporting−adapter[*]}" valueSeparator=";" delim=";" **default**="<%=NamingService.getVMName()%>"/>
   <ie:param name="OBJECT_REF" data="${input[]obid[]}" />
   <ie:param name="BLOB_COUNT" data="0" />
   <ie:param name="GROUP_OUT" data="existingItems"/>
</ie:webject>

   Check-In :

<ie:webject name="CheckIn−Objects" type="OBJ">

```
<ie:param name="INSTANCE" data="${@FORM[]supporting-adapter[*]}" valueSeparator=";" delim=
<ie:param name="GROUP_IN" data="input" />
<ie:param name="GROUP_OUT" data="${@FORM[]group_out[]}" default="output" />
</ie:webject>
```

Finalement, Au travers les exemples des paragraphes précédent (cf sec. 6.3.2) (cf sec. 6.3.3) nous avons pu tester deux approches différentes permettant une intégration dans Windchill d'une représentation (globalement avec XML) de classes d'un modèle mécatronique.

6.4 La structure du produit du robot 3D dans les systèmes PLM

Le mécanisme de transformations des modèles précédents (finalement des modèles métier) vers des classes instanciables, nécessite une phase de transformation. Cette phase de transformation se décompose en 3 étapes :

Etape 1 : transformation des modèles en XML. La modélisation a été réalisée sous Modelio^{TM}qui est un atelier UML basé sur Eclipse RCP. Cet atelier implémente nativement un mécanisme d'import/export en XMI

Etape 2 : conversion XML $\rightarrow$ XML par XSL. Nous avons choisi d'implémenter le mapping des méta-modèles avec un composant XSL

Etape 3 : instanciation des classes d'objet par web service

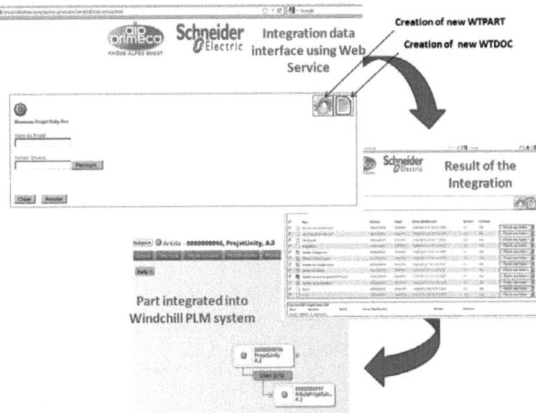

FIGURE 6.22 – Interface d'intégration des composants en utilisant le web services

92 Chapitre 6. Application industrielle : Application à un système mécatronique de type robot3D

Pour la troisième étape, nous avons réalisé une interface pour tester la création d'objet métiers caractérisant le domaine lié aux automates. A partir de cette interface que nous avons réalisé (fig. 6.22) nous pouvons créer un projet d'automatisme dans Windchill et insérer les données caractérisant la structure d'un composant (dans nos cas d'exemple, un objet métier de type programme PLC)

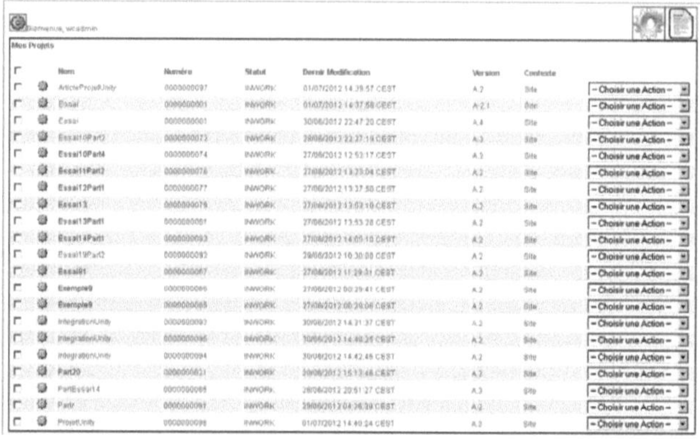

FIGURE 6.23 – Exemple d'intégration de nouveaux composant

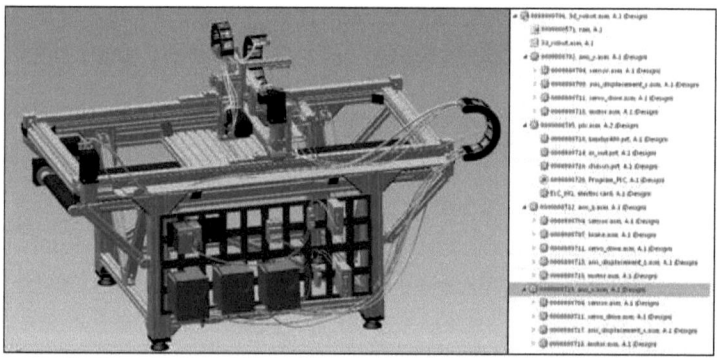

FIGURE 6.24 – Une vue de la structure globale de produits intégrée dans le système PLM Windchill

La figure précédente (fig. 6.23) montre un exemple fictif de liste de nouveaux composants à intégrer dans Windchill. Pour chaque projet sélectionné nous pouvons exécuter un ensemble d'actions suivant un menu déroulant :

— affichage des détails d'un composant (Projet ou document).

— affichage de l'historique d'un composant.

— détail des relations entre composants.

— supprimer un composant.

— renommer un composant.

— ajouter un lien entre les composants.

— mettre à jour un composant.

— ajouter un composant.

Finalement, après la création des principales classes d'objet au sein de windchill, nous avons créé notre produit "Robot". La figure précédente montre la représentation CAO dans Windchill des principaux concepts modélisés (fig. 6.24).

6.5 Conclusion

Dans ce chapitre , nous avons souhaité valider l'intégralité de la démarche d'intégration des systèmes mécatroniques (depuis la phase de modélisation, jusqu'à l'intégration dans le PLM). La validation de l'approche proposée se fait en utilisant un système complexe (3D robot) présent dans de nombreuses industries.

La première étape consiste à utiliser SysML pour modéliser le système. Cette étape de modélisation se décompose en différentes phases d'étude qui débutent avec les exigences et se terminent avec les modèles de comportement. Il s'agit ici de construire pas à pas, un système complexe en identifiant les fonctions liées aux éxigences puis sa structure constitutive. L'ensemble des diagrammes obtenus caractérisent ainsi les modèles métiers du système mécatronique

La seconde étape consiste à enrichir les modèles métiers avec les éléments du méta-modèle. Les différents éléments de modèle de l'étape précédente sont enrichis grâce à des mécanisme de stéréotypes proposés par UML. De plus, les interactions entre les différents éléments sont identifiées et modélisées par le même mécanisme.

Enfin la troisième étape consiste à convertir les modèles obtenus en modèle instanciable au sein du PLM Windchill. Cette étape de conversion est elle-même réalisée en différentes étapes en utilisant des formats de structuration en XML et des WebServices de création de classe (Webject) fourni par le moteur info*engine de Windchill.

Ainsi, ce chapitre permet de démontrer sur un exemple pertinent, la viabilité de la démarche et sa réalisabilité au sein d'un système PLM.

Conclusion

Les systèmes mécatroniques ont pris une place discrète mais très importante dans notre vie quotidienne. Très présents dans la plupart des secteurs, comme le médical, l'industrie, l'énergie et les transports, ils facilitent considérablement notre vie et notre confort. Le potentiel économique autour de ces produits est très important, notamment par l'engouement actuel sur les objets connectés. De fait, il est difficile, aujourd'hui, d'imaginer un effondrement du développement de ce type de produits qui intègrent autant de technologies diverses. Face à cette évolution, les entreprises cherchent à adapter leur approche de développement pour ces produits de façon à réduire les délais et à augmenter leur réutilisabilité. Dans le contexte concurrentiel actuel et de part leur nature intrinsèque, les produits mécatroniques sont complexes et leur développement, une véritable problématique scientifique et industrielle. Tout au long de cette thèse, nous nous sommes intéressés à une partie de cette problématique qui consiste à définir la manière de concevoir et de modéliser des systèmes mécatroniques dans les systèmes d'information de l'entreprise.

La première partie de la thèse est consacrée à l'état de l'art. Le premier chapitre définit les systèmes mécatroniques et les caractérise par rapport à un produit mécanique classique. Cette complexité influe directement sur les méthodes de développement utilisées. De nouvelles méthodes de conception sont plus adaptées à ce type de produit comme l'ingénierie concourante ou le cycle en V. Elles ont pour objectif de réduire la complexité autour de ces systèmes et de réduire le temps et les coûts de conception. Le deuxième chapitre de la thèse, est consacré à une étude permettant d'illustrer l'utilité du Système d'Information dans le développement des systèmes complexes ainsi que sa valeur ajoutée dans la préparation d'un environnement de conception multi-métier, homogène et collaboratif. En particulier, nous présentons les systèmes PLM qui possèdent, à notre sens le meilleur potentiel pour gérer ces systèmes. Enfin, le troisième chapitre est consacré à l'approche de modélisation dans un contexte d'ingénierie dirigée par les modèles et notamment le langage SysML.

La deuxième partie de la thèse apporte une réponse à la problématique d'intégration que nous avions identifiée. La principale proposition est de définir une approche qui permette une intégration globale de tous les composants d'un système mécatronique dans le système d'information PLM.

Cette démarche s'appuie sur la définition d'un méta-modèle mécatronique / PLM et sur SysML (chapitre 4 et 5). Elle nous a permis de valider une approche de modélisation globale et générique qui prend en compte à la fois les méthodes de conception globale et pluridisciplinaire, ainsi que la multiplicité et la diversité (en termes de métier) des acteurs dans le cycle de vie. La validation de l'approche est ainsi présentée dans le chapitre 6 par la mise en œuvre des différentes étapes de modélisation et de transformation d'un système mécatronique de type robot 3D.

Notre approche de modélisation avec un méta-modèle permet de mettre en évidence que les méthodes de modélisation d'un système mécatronique spécifique ainsi que les interactions inter-domaines dans un système complexe, facilitent la réutilisation des produits / composants existants. De plus, le méta-modèle est utilisé dans les phases de transformation des modèles métiers vers des modèles instanciables dans un PLM. Par ailleurs, la modélisation SysML, en utilisant les différents types de diagrammes (fonctionnels, structurels et comportementaux) permet de représenter et illustrer tous les composants et interactions (mécanique, hydraulique, capteurs ...), les équations physiques, le flux continu (matière, énergie ...). SysML , via les diagrammes structurels, permet de représenter une vue éclatée du système mécatronique. Les diagrammes de bloc et de bloc interne facilitent beaucoup la représentation des relations entres les composants et permettent également de tenir compte de la nature multidisciplinaire des systèmes mécatroniques par la promotion d'ingénierie système. Finalement SysML propose un langage de modélisation et un cadre méthodologique plus riche qu'UML et est parfaitement adapté aux systèmes mécatroniques et au PLM. Dans le dernier chapitre, nous validons notre approche sur un exemple industriel. Les premiers essais de modélisation via SysML et d'implémentation au sein du PLM Windchill, nous ont permis de valider la possibilité d'intégrer, avec une structure sémantique, des liens entre des objets métier pluridisciplinaires. Pour cela nous avons choisi un exemple typique et représentatif de systèmes mécatroniques celui d'un robot 3D. Cette application concrète nous a permis de valider la faisabilité de la démarche (de la conception avec SysML jusqu'à la création du modèle PLM)

Finalement, nous pensons avoir pu démontrer les points suivants [APN+14] [APN+13] [APNB13] [APNB11a] [APNB11b] :

— la complexité de conception des systèmes mécatroniques nécessite une approche spécifique de gestion de son développement au sein des SI des entreprises
— une approche de résolution peut être traitée de manière générique par le couplage d'une modélisation SysML et d'un méta-modèle spécifique.
— la modélisation que nous proposons permet d'aller jusqu'à la constitution d'un modèle implémentable dans un PLM.

Perspectives

Les chapitres 4 et 5 sont structurés autour d'une démarche d'IDM. Ceci étant, les mécanismes de transformation que nous avons proposés (pour passer d'un modèle métier au PLM) restent succincts par rapport à la multitude de types de produits mécatroniques. Il serait intéressant de mettre en œuvre des langages plus évolués dédiés à la transformation de modèles (comme ATL ou QVT). Par ailleurs, le méta-modèle permet de construire des modèles conformes. En complétant SysML avec ce méta-modèle nous augmentons les capacités de conformité. Pour autant, cette conformité reste statique même si elle concerne tous les aspects d'un système (fonctionnels, structurels, comportementaux,...). Il convient de réfléchir à faire apparaître un concept de règles métier qui augmenteraient les capacités de validité dynamique (et non de conformité) sur les modèles métier. Une approche par OCL pourrait alors être envisagée.

D'un point de vue méthodologique, l'usage de SysML facilite la mise en œuvre de l'intégration dans le PLM. Cependant, il est difficile d'affirmer que SysML est une méthodologie à part entière : c'est plus un cadre méthodologique. Il conviendrait donc de bâtir une méthode qui aide le concepteur PLM à construire rapidement un modèle. L'usage de patron de conception pourrait être une bonne approche mais elle reste dans une logique semblable à UML. Il nous semble pertinent de proposer une méthodologie qui puisse intégrer explicitement des approches de conception métiers spécifique. Notre démarche a été de ne pas se substituer aux méthodes de conception. La démarche méthodologique est complémentaire mais elle n'intègre pas explicitement les autres méthodes métier. De plus il faudrait que cette approche méthodologique puisse s'appuyer sur des mécanismes de comparaison et de validation, ceci afin de pouvoir simuler l'intégration d'un modèle dans le PLM.

La prise en compte des contraintes entre les domaines métier n'est pas simple à implémenter dans les systèmes PLM. Nos avons proposé une approche par des liaisons qui reste peu structurante. Toutefois, ces contraintes inter-domaines doivent apparaître plus clairement car c'est un point clé (un point de blocage!) dans le développement des systèmes mécatroniques. Évidement l'idée clef serait de pouvoir vérifier automatiquement ces contraintes. Ainsi en cas de modification d'un composant, le concepteur pourrait valider la modification et au préalable vérifier automatiquement qu'elle n'a pas d'impact. Avec notre proposition nous ne pouvons que signaler potentiellement les vérifications à faire. Pour faire une validation automatique il faut apporter un contexte sémantique beaucoup plus important. Une approche pourrait être d'utiliser les annotations sémantiques.

Glossaire

SI : Système d'Information
PLM : Product Lifecycle Management
IDM : Ingénierie Dirigée par les Modèles
CAO : Conception Assisté par Ordinateur
IHM : Interface Homme-Machine
IS : Ingénierie Système
API : Automates Programmable Industriel
ST : langage littéral Structuré.
IL : langage Liste d'Instruction
SFC : Sequential Function Chart
FBD : Function Block Diagram
ERP : Enterprise Ressource Planning
MES : Manufacturing execution system
PDM : Product Data Management
STEP : STandard for the Exchange of Product
IGES : Initial Graphics Exchange Specification
FAO : Fabrication Assisté par Ordinateur)
HPGL : Hewlett Packard Graphic Language
eBOM : Engineering Bill of Materials
mBOM : Manufacturing Bill of Materials
PTC : Parametric Technology Corporation)
ASN : Active Semantic Network
SIL : Semantics Instead of Location
SysML : Systems Modeling Language
XML : Extensible Markup Language
MRP : Material Requirements Planning

Bibliographie

[Abb11] Muhammad Abbas. *RP Systems in HEI context from a Multiple Perspective View : A Case Study*. PhD thesis, Manchester Business School, University of Manchester, 2011.

[Abr06] AbredeenGroup. The mechatronic system design benchmark report. Technical report, AbredeenGroup, 2006.

[AFI09] AFIS. decouvrir et comprendre l'ingenierie systeme, Fevrier 2009. https ://www.afis.fr/.

[AFN08] AFNOR. Mecatronique e01-010. Technical report, AFNOR, 2008.

[AFN09] AFNOR. Cycle de vie et conception des produits. Technical report, AFNOR, 2009.

[AMXC11] K. Alexopoulos, S. Makris, V. Xanthakis, and G Chryssolouris. A web-services oriented workflow management system for integrated digital production engineering. *CIRP Journal of Manufacturing Science and Technology*, 4 :290 – 295, 2011.

[And04] S. Andre. Mda principes et etats de l'art. Technical report, Conservatoire national des arts et metiers centre d'enseignement de Lyon, Novembre 2004.

[APN12] H. Abid, P. Pernelle, and D. Noterman. Integration of mechatronic products within a plm system. In *IFAC's triennal symposium INCOM*, 2012.

[APN+13] H. Abid, P. Pernelle, D. Noterman, C. Benamar, and J.P. Campagne. Integration approach of mechatronics system in plm systems. In *ICAC'13 - IEEE conference : The 19th International Conference on Automation and Computing*, pages 240 – 245, September 2013.

[APN+14] H. Abid, P. Pernelle, D. Noterman, C. Benamar, and J.P. Campagne. Sysml approach for the integration of mechatronics system within plm systems. *International Journal of Computer Integrated Manufacturing IJCIM*, To appear in 2014.

[APNB11a] H. Abid, P. Pernelle, D. Noterman, and C. Benamar. Integration de produits mecatroniques au sein d'un systeme plm. In *CIGI2011 : 9eme Congres International* de Genie Industriel organise par l'Ecole Polytechnique de Montreal, Saint-Sauveur, page 6, Quebec, CANADA, 2011.

[APNB11b] H. Abid, P. Pernelle, D. Noterman, and C. Benamar. Vers une integration globale des systemes mecatroniques : Modelisation au sein des systemes plm. In *CPI2011 : 7eme conference internationale de la « Conception et production integrees »* CPI, page 10, Oujda, Maroc, 2011.

[APNB13] H. Abid, P. Pernelle, D. Noterman, and C. Benamar. A modelling approach of mechatronic products in plm systems. In *CODIT'13 : IEEE - 2013 Conference internationale sur les technologies de controle, de decision et d'information*, pages 714 – 718, Hammamet, Tunisie, 2013.

[Bc07] A. Briere-cote. *Vers la cohesion des structures d'un produit aeronautique personnalise selon l'approche d'adaptation de produit sur commande*. PhD thesis, Ecole de technologie superieure Montreal, 2007.

[BHT05] S. Burmester, Giese H., and M. Tichy. Model-driven development of reconfigurable mechatronic systems with mechatronic uml. In *the European conference on Model Driven Architecture : foundations and Applications*, pages 47 – 61, 2005.

[BPSM+08] T. Bray, J. Paoli, C. M. Sperberg-McQueen, E. Maler, F. Y Vergeau, and J. Cowan. "extensible markup language (xml) 1.0." recommendation 5, world wide web consortium (w3c) recommendation, 2008. Available from : http ://www.w3.org/TR/2008/RECxml-20081126/.

[Bro09] E. Brottier. *Acquisition et analyse des exigences pour le developpement logiciel : une approche dirigee par les modeles*. PhD thesis, Universite de renne, 2009.

[BS05] X. Blanc and O. Salvatori. *MDA en action*. Eyrolles, 2005.

[CBPS09] K. Chen, J. Bankston, J. H. Pancha, and D. Schaefer. *Collaborative design and planning for digital manufacturing*, chapter A Framework for integrated Design of Mechatronic Systems. Springer, London, 2009.

[CIM03] CIMdata. Product lifecycle management «empowering the future of business». Technical report, CIMdata, 2003.

[Com08] B. Combemale. *Approche de metamodelisation pour la simulation et la verification de modele*. PhD thesis, Institue National Polytechnique de Toulouse, 2008.

[D+03] G. Donnadieu, D. , Durand, D. , Neel, E. , Nunez, and L. , Saint-Paul. L'approche systémique : de quoi s'agit-il ? Technical report, Synthèse des travaux du Groupe AFSCET, septembre 2003.

[DD98]   Christophe Decreuse and Feschotte Daniel. *Ingenierie simultanee.* •, 1998.

[Den02]   D Deneux. *Methodes et modeles pour la conception concourante.* Habilitation diriger des recherche, Universite de Valenciennes et du Hainaut Cambresis, Janvier 2002.

[DGP07]   P. Devalan, Y. Gourinat, and D. Play. Les selections techniques de l'ingenieur : Mecatronique. www.techniques-ingenieur.fr, 2007.

[DH91]   R. W. Daniel and J. R. Hewit. Editorial. *Mechatronics*, 1(1) :i–ii, 1991.

[DK10]   Idasiak V. David, P. and F. Kratz. Reliability study of complex physical systems using sysml. *Reliability Engineering and System Safety*, 95 :431 – 450, April 2010.

[DMZB02]   N. Do, M. Maletz, Y. Zeng, and D. Brisson. A structure-oriented product data representation of engineering changes for supporting integrity constaints. In *Adv Manuf Technol*, pages 564 – 570, 2002.

[EGNR04]   B. Eynard, T. Gallet, P. Nowak, and L. Roucoules. Uml based specifications of pdm product structure and workflow. *Computers in Industry*, 55 :301 – 316, 2004.

[ES01]   M. Eigner and R Stelzer. Produkt daten management - systeme. In *Springer*, 2001.

[ES10]   O. Eck and D. Schaefer. A semantic file system for integrated product data management. *Advanced Engineering Informatics*, pages 177 – 184, 2010.

[FTCB11]   A. Faisandier, S. Tichkiewitch, E. Chapa, and P. Belloy. Ingenierie des systemes : Quelques concepts place dans les entreprises problematiques de formation. In *Colloque AIP-PRIMECA*, Mont Dore, Avril 2011.

[Fuj02]   K. Fujita. Product variety optimization under modular architecture. *Computer-Aided Design*, 34 :953 – 965, 2002.

[Gar88]   D. Garwood. *Bills of Material, Structured for Excellence.* Atlanta, 1988.

[GMB+02]   F. Giannini, M. Monti, D. Biondi, F. Bonfatti, and P.-D. Monari. A modelling tool for the management of product data in a co-design environment. *Computer Aided Design*, 34(14) :1063 – 1073, 2002.

[H96]   F. Harashima, M. , Tomizuka, and T. , Fukuda. Mechatronics—what is it, why and how. *IEEE ASME Trans Mechatron*, pages 1 – 4, 1996.

[HMN+06]   W. He, X. G. Ming, Q. F. Ni, W. F. Lu, and B. H. Lee. A unified product structure management for enterprise business process integration throughout the product lifecycle. *International Journal of Production Research*, pages 1757 – 1776, July 2006. Beijing, China.

[HNML04] W. He, Q. F. Ni, X. Ming, and W. F. Lu. Product structure management for enterprise business processes in product lifecycle. In *11th ISPE International Conference on Concurrent Engineering*, 2004.

[Hug07] A. M Hugues. *Differents modeles du cycle de vie*. PhD thesis, Universite Pierre et Marie Curie, 2007.

[Ise05] R. Isermann. *Mechatronic systems : fundamentals*. ISBN 978-1-84628-259-1. Springer, 1 edition, 2005.

[J10] J.M. Jézéquel. Ingeniérie dirigée par les modeles : du design-time au runtime. In *Génie Logiciel - Ingeniérie dirigee par les modeles*, 2010.

[Jar10] A. Jardin. *Contribution a une methodologie de dimensionnement des systemes mecatroniques : analyse structurelle et couplage a l'optimisation dynamique*. PhD thesis, Institut National des Sciences Appliquees de Lyon, Janvier 2010.

[JKX07] H.B. Jun, D. Kiritsis, and P. Xirouchakis. Research issues on closedloop plm. *Computers in Industry*, (855868) :1 – 4, 2007.

[JLM+03] D. Janitza, M. Lacher, M. Maurer, U. Pulm, and Rudolf H. A product model for mass-customisation products. *Computer Science*, 2774 :1023 – 1029, 2003.

[KK11] K. Y. Kima and Y. S. Kimb. Causal design knowledge : Alternative representation method for product development knowledge management. *Computer-Aided Design*, 43 :1137 – 1153, September 2011.

[KO96] N. Kyura and H. Oho. Mechatronics an industrial perspective. *IEEE/ASME Trans Mechatron*, pages 5 – 10, 1996.

[LC92] M LE COQ. *Approche integrative en conception de produits*. PhD thesis, Ecole Nationale Superieure d'Arts et Metiers Paris, 1992.

[Leb03] M. Lebrun. Simulation and cad in automatics and mechatronics. *industrial Computing*, pages 1 – 15, 2003.

[Leh04] J. M. Lehu. *L'encyclopedie du marketing*. Eyrolles, 2 edition, Juin 2004.

[Len99] J Lenoir. Les outils de conception systeme du logiciel enfoui. In *Electronique*, Fevrier 1999.

[LK98] A. Laszlo and S. Krippner. Systems theories : Their origins, foundations, and development. *Systems Theories and A Priori Aspects of Perception*, pages 47 – 74, 1998.

[LM77] J.L. Le Moigne. *La theorie du systeme general*. 1977.

[Mar09]   P. Marin. *L'usage des Systemes d'Information PLM Product Life-Cycle Management contribue t-il a l'innovation collaborative*. PhD thesis, HEC Paris, 2009.

[Mau93]   M. Maurino. *La gestion des donnees techniques : technologie du concurrent engineering*, volume 1 of *2-225-84518-2*, chapter A Framework for integrated Design of Mechatronic Systems, page 180. Springer, 1993.

[MBB05]   S. Mostefai, A. Bouras, and M. Batouche. Data integration in a plm perspective for mechanical products. *The International Arab Journal of Information Technology*, pages 135 – 140, April 2005.

[McC01]   Michael McClellan. Introduction to manufacturing execution systems. In *MEC Conference and Exposition*, pages 1–7, JUNE 2001. Baltimore, Maryland.

[MEBF06] Favre J. M., J. Estublier, and M. Blay-Fornarino. L'ingénierie dirigée par les modeles. au-dela du mda. In *IC2, serie Informatique et Systemes d'Information*, 2006.

[Mih07]   G. Mihalache. *Modelisation et evaluation de la fiabilite des systemes mecatroniques : Application sur systeme embarque*. PhD thesis, Universite d'Anger, 2007.

[MM03]   Joaquin Miller and Jishnu Mukerji. Mda guide version 1.0.1. Technical report, Object Management Group, 2003.

[NE00]   B. Nuseibeh and S. Easterbrook. Requirements engineering : A roadmap. *Proceedings of the Conference on The Future of Software Engineering*, pages 35 – 46, 2000.

[NSF+12] S. Nejati, M. Sabetzadeh, D. Falessi, L. Briand, and T. Coq. A sysml based approach to traceability management and design slicing in support of safety certification : Framework, tool support, and case studies. *Information and Software Technology*, 54(570), June 2012.

[OMG01]   OMG. Model driven architecture : A technical perspective. Technical Report ab/2001-02-04, Object Management Group, 2001.

[OMG12a] OMG. Omg systems modeling language , v1.3. Technical Report OMG Document Number : formal/2012-06-01, Object Management Group, 2012. http ://www.omg.org/spec/SysML/1.0/PDF.

[OMG12b] OMG. Sysml v1.3 specification released, 2012. http ://www.omgsysml.org/.

[Pan06]   H. Panetto. *Meta-modeles et modeles pour l'integration et l'interoperabilite des applications d'entreprises de production*. Habilitation diriger des recherches, Ecole Superieure d'Informatique et Applications de Lorraine, Decembre 2006.

[Per01]   J Perrin. *Concevoir l'innovation industrielle : methodologie de conception de l'innovation*. 2271058228. CNRS Eds, 2001.

[Per02] philippe Pernelle. *Système d'Information Produit pour les PME/PMI : modélisation muti-niveaux d'entreprises engagées dans un travail coopératif.* PhD thesis, ESIA, Universite de Savoie, Annecy, décembre 2002.

[PMC+13] Malte Prosser, Philip Moore, Xi Chen, Chi-Biu Wong, and Ulrich Schmidt. A new approach towards systems integration within the mechatronic engineering design process of manufacturing systems. *International Journal of Computer Integrated Manufacturing*, 26 :8 :806–815, 2013.

[Rag09] P. P. Raghavendiran. Plm for mechatronic products. Technical report, TATA consultancy services, 2009.

[Ran88] J. M. Randoing. *Les Systeme de Gestion des Donnees Techniques. Coll. «Techniques de l'information»*, volume 1. Hermes, 1988.

[Rei95] R. Reix. *Systemes d'information et management des organisations*. Vuibert, 1995.

[Rod84] W. G. Rodenacker. *Methodisches konstruieren : grundlagen, methodik, praktische beispiele*, volume 27 of *978-3-540-13563-0*. Springer, 1984.

[Roq09] P. Roques. *SysML par l'example*. Eyrolles, 2009.

[SAZ08] G. Schuh, D. Assmus, and E. Zancul. Product structuring - the core discipline of product lifecycle management. *Computers in Industry*, pages 210 – 218, 2008.

[Sch05] G Schuh. Produktkomplexität managen : Strategien - methoden -tools. In *Springer*, 2005.

[SER99] D. Schaefer, O. Eck, and D Roller. A shared knowledge base for interdisciplinary parametric product data models in cad. In *the 12th International Conference on Engineering Design*, pages 1593 – 1598, Munich Germany, Septembre 1999.

[Sig05] O. Sigaud. Introduction a la modelisation orientee objets avec uml, 2005.

[SM02] D. Svensson and J. Malmqvist. Strategies for product structure management at manufacturing firms. *Journal of Computing and Information Science in Engineering*, 2(1) :50 – 58, 2002.

[SRAZ07] G. Schuh, H. Rozenfeld, D. Assmus, and E. Zancul. Process oriented framework to support plm implementation. *Computers in Industry*, pages 210 – 218, August 2007.

[STMB09] U. Sellgren, M. Torngren, D. Malvius, and M. Biehl. Plm for mechatronics integration. In *International Conference on Product Lifecycle Management*, pages 106 – 116, University of Bath, in UK, 2009.

[TCB95] S. Tichkiewitch, E. Chapa, and P. Belloy. Un modele produit multi-vues pour la conception integree. In *Congres international de Genie Industriel de Montreal–La productivite dans un monde sans frontieres*, volume 3, pages 1989–1998, 1995.

[Thi06] G. Thimm. Towards unified modelling of product life-cycles. *Computers in Industry*, 57(4):331–341, May 2006.

[VAD96] P VADCARD. *Aide a la programmation de l'utilisation des outils en conception de produit*. PhD thesis, Ecole Nationale Superieure d'Arts et Metiers, 1996.

[VBT08] T. J. Van Beek and T. Tomiyama. Connecting views in mechatronic systems design, a function modeling approach. *IEEE/ASME International, Mechtronic and Embedded Systems and Applications*, pages 164–169, 2008.

[WMZB09] L. Wei, M. Maletz, Y. Zeng, and D. Brisson. Product lifecycle management. In *ASME 2009 International Design Engineering Technical Conferences and Computers and Information in Engineering Conference IDETC/CIE*, 2009.

[Zin07] S. Zina. *proposition d'un cadre de modélisation pour les applications PLM. Application a la gestion de configurations*. PhD thesis, IAEM Lorraine, 2007.

Annexes

Résumé

L'innovation industrielle tend vers des produits de plus en plus complexes de type mécatronique qui combine des domaines pluridisciplinaires. Les processus de conception de ces produits fait appel aux compétences d'acteurs issus des différents métiers et la création des différentes facettes des constituants nécessite l'utilisation d'outils spécialisés ; pour autant il n'existe pas de véritable intégration globale au sein du système d'information permettant une gestion intégrée des différents savoir-faire et domaines de compétence malgré la capacité de certains systèmes comme le PLM. En effet, Les outils de gestion de cycle de vie de produit (PLM) sont actuellement les outils les plus appropriée, néanmoins ils nécessite une approches méthodologique solide permettant d'accroitre la collaboration des acteurs dans la conception du produit.

Ce travail présente une méthode de résolution générique. L'objet du présent document est de définir une approche globale pour l'intégration des données des systèmes mécatroniques dans un système PLM en utilisant une modélisation spécifique basé sur la caractérisation du cycle de vie et l'utilisation de SysML. Cette approche est définit à partir d'un méta-modèle qui permet d'assurer la conformité globale des modèles métiers sans effet de substitution. La conformité est positionné sur un niveau d'abstraction suffisamment global pour remplacer la complexité de chaque domaine.

La démarche proposé est une démarche MDE et très proche de MDA, le principe de transformation de modèle est tout a fait conforme a MDA. La mise en œuvre de ce modèle dans un système d'information de type PLM est dépendante du méta-modèle et du système en cours d'étude. Les premiers essais d'implémentation au sein du PLM Windchill, nous ont permis de valider qu'il était possible d'intégrer, avec une structure sémantique, des liens entre des objets métiers pluridisciplinaires.

Mots-clés: Système d'Information, PLM, mécatronique, SysML, méta-modèle

Abstract

Industrial innovation aims towards more complex mecatronics products which combine multidisciplinary domains. The design process of these products leans on several multi-business. The creation of components' facets requires the use of specialized tools. However there is no real global integration within the information system allowing an integrated management of various know-how and fields of expertise, in spite of capabilities certain systems as PLM. Ideed, Product Life-cycle Management (PLM) systems seems the most appropriate, however they do not allow a global integration of the different business domains.

This work presents a generic resolution method. The object of this paper is to present a global approach for the integration of mechatronic systems into a PLM system using a specific modeling. This modeling is based on the life cycles characterization and the use of SysML. This approach is defined from a meta-model that allows ensuring the global compliance of business models without substitution effect. the compliance is positioned on a level of abstraction sufficiently global to replace the complexity of each field.

The proposed method is an MDE approach is very close to MDA approach. The principle of model transformation is in complete conformity with MDA. The implementation of this model in the PLM information system is dependent on the meta-model and the system under study. The first implementation tests within Windchill PLM system shows that it was possible to integrate with a semantic structure, links between multidisciplinary business objects.

Keywords: Information System, PLM, méc tronique, SysML

Oui, je veux morebooks!

I want morebooks!

Buy your books fast and straightforward online - at one of the world's fastest growing online book stores! Environmentally sound due to Print-on-Demand technologies.

Buy your books online at
www.get-morebooks.com

Achetez vos livres en ligne, vite et bien, sur l'une des librairies en ligne les plus performantes au monde!
En protégeant nos ressources et notre environnement grâce à l'impression à la demande.

La librairie en ligne pour acheter plus vite
www.morebooks.fr

SIA OmniScriptum Publishing
Brivibas gatve 1 97
LV-103 9 Riga, Latvia
Telefax: +371 68620455

info@omniscriptum.com
www.omniscriptum.com

Printed by Books on Demand GmbH, Norderstedt / Germany